サクっと分かる

# こう読み直せ！日本の歴史

宮崎正弘

WAC

# こう読み直せ！
# 「日本の歴史」

◎目次

第一章　縄文の古代から古事記・日本書紀まで……9

## 第二章 白村江《はくそんこう》から元寇《げんこう》まで

## 第五章　日清・日露戦争から大東亜戦争・新冷戦まで……215

装幀／須川貴弘（WAC装幀室）

# 第1章

# 縄文の古代から古事記・日本書紀まで

古代から高度な文化的生活を営み、一万年以上の平和を実現した縄文文明。
そして中国の儒教を拒み、「大和言葉」で日本人が作られていった……。

## 三万四千年前から文化的生活を営んでいた日本人

驚くほど古い、旧石器時代の遺跡が千葉県で発掘された。千葉県印旛《いんば》郡。成田空港の近くに酒々井《しすい》という町がある。平成十一年、この郊外の段丘で駐車場建設工事中に、三万四千年前の「墨古沢《すみふるさわ》遺跡」が発見された。平成二十七年から本格的な発掘作業が始まり、考古学者が注目した。日本史が書き換えられる「大発見」である。

環状に配置された七十二もの集合ブロック群は日本最大級で、南北七十メートル、東西六十メートル。しかも三万四千年前、旧石器時代のものである。

マンモスを追ってシベリア方面から来た縄文人《じょうもんじん》のご先祖は北海道と東北地方に住みついた。二万五千年前からと推定されている。これらが令和三年に「世界遺産」となる北海道東北縄文遺跡群である。

かたや墨古沢遺跡は千葉県にあって、それ以前に集落を営んだのだからシベリアルートではなく、南海ルートと考えられる。鹿児島の上野原《うえのはら》遺跡は七千五百年前であることは考古学上確定されている。丸木舟で海流に乗ってやって来た、この南からの移住組の定着はおよそ四万年前からと推定され、薩摩からさらに黒潮で北上したのだ。たとえば「勝浦」

墨古沢遺跡。平成27年度調査航空写真（酒々井町ホームページより）

や「白浜」のように、紀州和歌山の地名と千葉県の地名が酷似《こくじ》している事実は、海流に乗っての移動が可能だったことを証明している。彼らは海洋民族だった。

ホモ・サピエンスは二十万年前にアフリカで誕生し、欧州からシベリアへ、南方へはインドネシア、オーストラリアへと流れ、南洋の島々から日本には四万年前に移動が始まった。また当時の海面は現在より七十メートルほど低く、陸続きだった。

現在の考古学は地質学者、生物学者、医学・衛生学から食品学者、天文学の専門家などなど学者総動員の検証がなされるのが特徴だが、とくに地面を垂直に深く彫り込んでいくボーリングに拠《よ》って年代の測定が合理的・科学的になされるようになった。つまり墨古沢遺跡の三万四千年前は動かないのである。

後期旧石器時代は三万八千年前から開始されており、最終氷河期に向かっていた時代であることも植物分析、地質分析などが裏付けている。

墨古沢遺跡の環状ブロックからは、とりわけ石器が夥《おびただ》しく出土しており、あるいは石器の交換場所ではなかったかという学者もいる。中央広場は祭祀《さいし》場だろう。出土した石器には群馬県特産の安山岩《あんざんがん》、信濃や神津島の黒曜石《こくようせき》が混ざっており、石器が交換され、狩りに使われた。

狩猟を基盤としての集団生活における狩人の道具としてナイフ型石器、毛皮加工のための削器《さっき》、石錐《いしきり》などが出土している。

いずれ、この旧石器時代の遺跡は、三内丸山《さんないまるやま》遺跡（青森県）のように教科書に載り、あるいは登呂《とろ》（静岡市）、吉野ヶ里《よしのがり》（佐賀県）のような、テーマパークを兼ねる大展示場、博物館併設の規模に膨《ふく》らむと予測されるのである。

日本の歴史はそれほど古いのである。

## 日本の縄文時代は「世界五大文明の一つ」

歴史教科書が一顧《いっこ》だにしなかった先史時代が日本にあった。

縄文《じょうもん》以前、日本には四万年前から旧石器人が生活していた事実は近年の考古学の発達で客観的・科学的に証明され、それまで歴史学者が否定してきた旧石器時代が日本にあったことは北関東で「岩宿《いわじゅく》遺跡」（群馬県みどり市）が発見されたことで裏付けられた。

日本の「考古学」は比較的新しい学問であり、ようやく明治時代から始まった分野である。

岩宿遺跡

従来の歴史解釈では「縄文時代」とは弥生《やよい》時代との区分けに使われただけの名称に過ぎず、世界史と並列してみれば縄文時代は「石器時代」のこと。まったく文明の香りが稀薄な時代とみられていた。

ところが近年、次々と日本列島の随所で発見された縄文遺跡からは夥《おびただ》しい土器とともに土偶《どぐう》が出土した。歴史解釈を塗り替えるほどの画期的な発掘が続いた。土器は無数、土偶もいまでは一万八千点を数える。

思想家としても世界に大きな影響を与えた社会人類学者、レヴィ・ストロースは、縄文は「独自の文明」だと日本の歴史家が思いつきもしなかった見解を遺した。「世界五大文明の一つ」だというのだ。

縄文時代に作られ、世界史的に見ても最高芸術といわれる土器、土偶、仮面などはフランスやスペインで発見された同時代の壁画にまったく引けを取らず、また縄文前期の太陽信仰からくるストーンサークルや副葬品、祭器なども世界の考古学者、歴史学者ばかりか芸術家を驚かせた。秋田の山奥で発掘されたストーンサークル（環状列石）は、マルタなどの巨石神殿や、英国のストーンヘンジなどと同時期の遺跡であり、謎に満ちた神秘性を共有する。

縄文の芸術的価値の再発見は岡本太郎らによってもなされた。縄文土偶の豊かな表情、凜々《りり》しさ、奥ゆかしいデザインの卓越性は、たとえば映画『スター・ウォーズ』の想像力にまで繋がる。漫画の多くのキャラクターの原型ではないかと思うほどに創造性が豊かなのである。縄文土偶の表情をみると或る意味でポケモンのピカチュウではないか。

さらに重要な事実は、縄文中期に日本の伝統文化の中枢にある天皇制の原型が誕生したことである。

ヴィーナス土偶

「仮面の女神」土偶

「国宝」と指定されたヴィーナス土偶、合掌《がっしょう》土偶、仮面の女神、中空土偶等を観察すると、副葬品として使われたかも知れないが、集落の長《おさ》、地域の長が大集落を統合し、やがて地方の王となり、弥生期には大王スメラミコトとなっていったことに併行している。自然信仰、太陽信仰はアマテラスオオミカミ（天照大神）に通じる。したがって縄文中期に天皇制の原型が誕生していたことは確実である。

神武《じんむ》天皇の誕生までにも文明の利器ばかりか国語という重要な言語の形成に最低千年の長い歴史が刻まれていたことになる。神話が伝承されたということ自体が言葉の確立と共通性、その創成から成熟までに長い歳月を経ているのだ。

## 神武天皇はまちがいなく実在した

戦後の歴史は神武天皇が作り話であると教えてきた。

第一に、「神話」だと片付けられてきた神武天皇の実在は各地に「神武東征《とうせい》（東方征伐《せいばつ》）」の動かしがたい痕跡が、伝承が脈々と残っていることからも歴然としている。

第二に、神武以前に五十代から七十一代の皇統があったという古文書の考察を通して縄文時代の浪漫に溯《さかのぼ》る必要がある。弥生式農耕と縄文時代とは峻別《しゅんべつ》されるのではなく明らかに重なるのである。

その時代に天皇がしらす（治める）という統治システムの原型ができた。すなわち「天皇の原型が生まれたのは縄文時代中期」（林房雄『神武天皇実在論』ハート出版）であり、神武天皇は東征後、奈良橿原《かしはら》で即位された。

九州日向《ひゅうが》の一豪族だったカムヤマトイワレビコ（神武天皇）が十数年を費やしての「東征」によってナガスネヒコや土蜘蛛《つちぐも》族を平定し橿原で即位されたにせよ、その時まで日本全国に統一的な政権はなかった。後年のヤマトタケルノミコト（日本武尊）の東征、西征によって統一王朝は確《かっ》乎《こ》たるものとなり、さらにヤマト政権を政治体制として不動のものとしたのは第二十一代、雄略《ゆうりゃく》天皇だ。

神武天皇から十代までの天皇の在位が長す

橿原神宮

神武天皇陵

ぎるので、古代人があれほどの長寿であったはずがないと反駁《はんばく》の声が強かった。

文芸評論家の保田與重郎《やすだよじゅうろう》は「神武天皇は襲名したのではないか?」と筆者に直接言われたことがある。

長寿の謎解きにしても、当時の暦《こよみ》は二カ月が一年だった、或いは半年が一年だったという暦の時間差があり、これらを勘案すれば意外とあっさり「長寿」の謎も解ける。

天皇制は縄文中期に、その原型が誕生したという根拠は、集落の長が、地域連合を形成して王となり、その王のなかの王が大王と呼ばれるようになったからで、ワカタケル(雄略天皇)が、事実上のヤマト政権を統一した。

それまでに縄文人は貯蔵の技術にも長《た》け、冷蔵庫も電気機器もない時代に保冷の方法を知っていた。魚介類の加工工房もあった。

狩猟に使った石斧、ナイフなど機器のイノベーションがなされていた。長く平和が続き、栄養摂取の配分もよく、繁栄のなか豊かな情操生活を送っていたのである(拙著『一万年の平和、日本の代償』育鵬社を参照)。

情操が育《はぐく》まれると人間には瞑想する時間が生まれ、思想を、美を表現したいという欲求が生まれる。縄文土器、とくに深鉢《ふかばち》、火焔《かえん》土器、そして儀式に使用した土偶などには縄文人の願い、欲求、思想が籠められている。岡本太郎ら多くのアーティストが驚嘆した縄文芸術の存在である。棟方志功の版画も戸嶋靖昌《としまやすまさ》の絵画も縄文の色彩が濃密である。華麗さや幽玄さを伴ってくるのは弥生以後である。

縄文時代に宝飾品も画期的な進歩を遂げている。魅力的光沢を放つ宝石の発見である。縄文人が装飾で主に用いたのは翡翠《ひすい》、そして琥珀《こはく》だった。皇統の継続性・正統性を象徴する三種《さんしゅ》の神器《じんぎ》のひとつ、勾玉《まがたま》は翡翠もしくは琥珀である。

黒曜石《こくようせき》の鉱山が営まれ、運搬を担って物々交換にでかけた行商集団もいた。つまり「縄文匠」がいて、「縄文商人」がいたことは確実なのである。

## 日本はシベリアと陸続きだった——三内丸山遺跡の衝撃

戦後世代が小・中学校でならった歴史教科書では、日本最古の遺跡は弥生式の登呂《とろ》遺跡（静岡市）とされ、筆者もそう教わった。

歴史教科書の中味は貧弱で、日本史は石器時代、弥生時代から古墳時代を二ページほどで片付けていた。マルクス用語の「搾取《さくしゅ》」がつづき被支配者である庶民は奴隷のように扱われたなどと左翼学者が執筆した、きわめて偏向した解説がつづき、いずれ人類は「共産主義の理想社会」を実現するという結論が行間に隠されていた。

登呂遺跡は吉野ヶ里《よしのがり》遺跡（佐賀県）の発見前まで弥生式の代表格で、観光バスが列を作って見学したものだった。

三内丸山遺跡・大型住居跡

三内丸山遺跡・物見やぐら

ところが、その後、夥《おびただ》しく発見された縄文遺跡によって弥生時代の登呂の著名度は霞《かす》んでしまった。令和元年にも筆者は再度、登呂遺跡の撮影に行ったが、閑古鳥が鳴いていた。

吉野ヶ里遺跡は弥生式集落の代表格となった。だが、現場を見学した結論は感動が薄いことである。

原始的なエネルギーが躍動する、精神の振動が稀薄で、そこはかとなく「近代」を感じたからだ。そうだ。吉野ケ里は典型的な軍事要塞、中国的な「城《き》」である。

吉野ヶ里遺跡は弥生式の大きな集落で共同墓地がある。高床《たかゆか》式の建物、二重の壕《ごう》、物見《ものみ》櫓《やぐら》が備わっていて、建築思想から判断して軍事要塞の構造である。稲作文化、太陽信仰の弥生式遺跡の典型ではあるものの、縄文遺跡と比較するとあまり精神性を感じない。

外敵の侵入を防ぐために壕を深く、しかも二重に掘り、防御柵、物見櫓に武器庫。発見された人骨には刀傷、首のない遺骨ができた。激しい戦闘が行われていたことを証明している。渡来人は稲作とともに戦争のやり方も運んできたことになる。そして城塞《じょうさい》都市のミニチュアとしての建築思想も日本にもたらした。

尖石遺跡（長野県）の住居レプリカ

青森県の三内丸山《さんないまるやま》遺跡は江戸時代から何かが埋もれていることは菅江真澄《すがえますみ》の旅日記などからも分かっていた。菅江真澄は東北地方から蝦夷《えぞ》地を旅し、寛政《かんせい》八年（一七七六）に青森三内の千本桜を見学、そのとき堤で発見された土器についての記述が残っている。新井白石も噂を書き残した。そして昭和時代に工業団地建設予定地を掘っていて巨大な遺跡群がでてきたのだ。

年代測定の結果、五千五百年前から、この集落の繁栄は千五百年続いたことも近代的な測定や研究で判明した。

青森県八戸《はちのへ》市の是川《これかわ》遺跡や長野県茅野《ちの》市郊外の尖石《とがりいし》縄文遺跡、青森県の亀ヶ岡遺跡などは縄文文明の象徴だが、なぜか縄文遺跡は北海道と東北に夥《おびただ》しい。あの時代、北海道、樺太、シベリアは陸続きだったうえ、海面はいまより七十メートルほど低かった。そのうえ第四氷河期が終わりかけていた。

温暖化とともに海面が上昇し（縄文海溝）、シベリアと樺太、北海道が分断されたのである。

## ポンペイ同様に火山噴火で滅びた上野原文明の悲劇

七千五百年前の縄文遺跡は薩摩の段丘から出土した。この遺跡を紹介する歴史教科書はまだない。

イタリアのポンペイは火山の噴火、火砕流の犠牲となって地中に埋まった。この悲劇は世界史の教科書に出てくる。だが、同様に火山活動によって滅びた文明が古代日本にあったことは知らない人のほうが多い。

七千五百年前に栄えていた縄文人たちの集落「上野原《うえのはら》」（鹿児島県霧島市）は、青森県の三内丸山（五千五百年前）より古い。この集落跡を復元した立派な展示館が霧島市国分《こくぶ》にある。

ＪＲ国分駅からタクシーで県営公園「上野原縄文の森」へ向かった。かなり遠い。文字通り、深く拓《ひら》けた森の台地（標高二百九十メートル）にある。考古学的には付近に発掘された遺跡から、縄文人が九千五百年前から住んでいたとされる竪穴《たてあな》住居跡が見つかっている。

復元された上野原遺跡の集落（上野原縄文の森）

上野原台地の宏大な敷地が国指定史跡として認定されており、竪穴住居の復元がじつに五十二軒という壮観さ。三十九の調理施設の集石遺構、そして十六基の連結土抗《どこう》が発見された。つまり有機的で、整合性の高い環状の大集落が再現されており、その中心の祭りの広場から祭器が出土した。

上野原の竪穴住居のたたずまいを見ていると、三内丸山とはすこし異なり、防人《さきもり》の兜《かぶと》のようなかたち（写真）である。

大集落はブナ、クヌギなど落葉広葉樹に囲まれたシラス台地である。この台地から壺型《つぼがた》土器、深鉢土器、石斧などが発掘され、重要文化財の指定を受けた。

発掘された土器には貝殻や縄による文様が施されている。森の木木から収穫されるドングリ、胡桃《くるみ》をすり潰し加工し貯蔵するための石鏃《せきぞく》（やじり）、石皿、石の原板など多数が見つかり、当時の生活の模様を伝える。

また耳飾りやペンダント、腕輪などの原始的なアクセサリーが見つかり、集落には階級があったことも物語る。これらは「上野原縄文の森」の展示館に常設されている。

当時、縄文人らは集団で狩猟にでた。猪や鹿を追い込んだ落とし穴、槍、石器、石弓なども付近から大量に出てきた。

くわえて丸木舟を造っていたので、船の原木や細工道具も九千五百年前から六千三百年前までの地層から出土している。

展示コーナーの圧巻は「地層観察館」である。

発掘後の盛土の下にアカホヤ火山灰の層があり、その下の地層から夥《おびただ》しい土器がでた。さらにそのずっと下の地層から一万千五百年前のサツマ火山灰層、さらに下が二万四千年前の始良《あいら》カルデラ噴出物となっている。

つまり縄文の文明が、火山灰で埋まってしまったことを雄弁に物語るのだ。

現在の考古学ならびに地質学の発展によって、大隅《おおすみ》海峡（薩摩半島から五十キロ南）の鬼界《きかい》カルデラの大爆発は六千三百年前、火山灰（アカホヤ火山灰）は遠く関西方面にまで飛翔したことがわかっている。どれほどの大噴火だったか、その火山灰の飛び散った範囲からも想定できるだろう。火砕流は薩摩半島、大隅半島を埋め尽くし、上野原の文明は忽然《こつぜん》と消えた。上野原縄文の森で筆者は一つの文明の突然の死を考えたのだった。

## 平和な縄文時代から戦乱の弥生時代へ

山口県の西部にのびる海岸線は下関《しものせき》から長門《ながと》まで一の浜、二ノ浜、中の浜……途中に崖が連続する箇所があって「本州最西端」の看板。「毘沙ノ鼻《びしやのはな》」（下関市）への案内板がかかっている。古代、このあたりも海だった。

毘沙ノ鼻の由来は、沖合からみた漁師が、毘沙門天《びしやもんてん》の彫刻の鼻に似ていると思ったのだろう。

インド発祥の毘沙門は本来、財宝神だが、日本では武神であり四天王《してんのう》の多聞天《たもんてん》だ。

筆者が格別の興味を抱いてきたのは、この毘沙ノ鼻近くの土井ヶ浜《どいがはま》遺跡（下関市豊北町）が弥生式の典型で、夥しい人骨が発見されたからである。

中ノ浜遺跡（下関市豊浦町）でも昭和三十五年から九次にわたり発掘作業があり、百ちかい墓、埋葬された人骨が発見されている。

土井ヶ浜遺跡からは、完全に近い人骨が五百体以上、副葬品などとともに出土した。

そこで運動場のような場所に保存し屋根をドームで蔽《おお》って、みごとな「人類学ミュージ

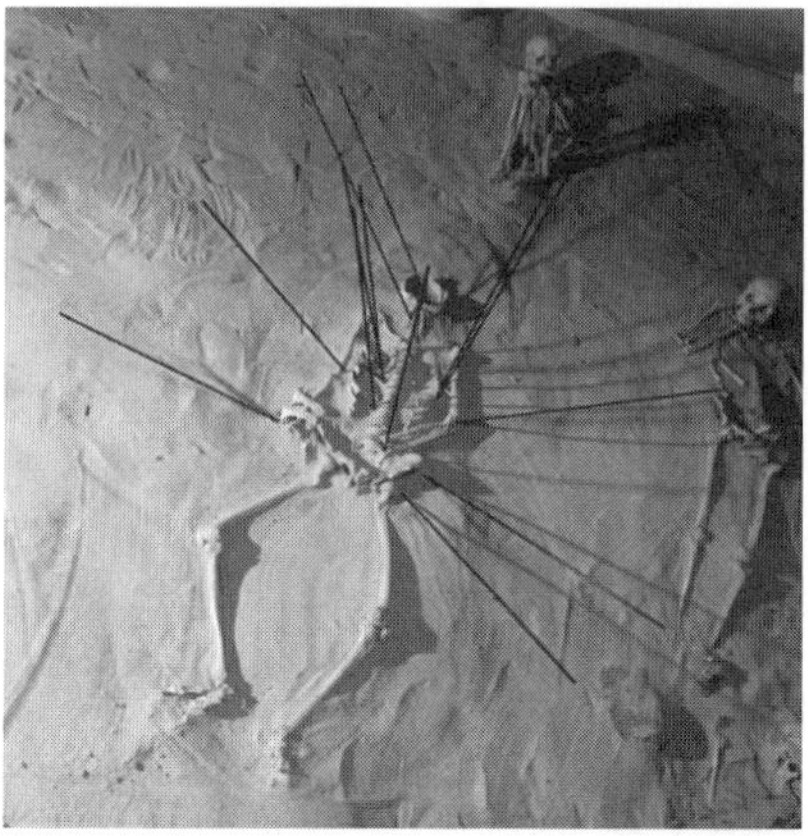

土井ヶ浜遺跡から発掘された、何十本もの矢が打ち込まれた人骨（国立科学博物館企画展ホームページより）

古代文字（ペトログラフ）が刻まれた彦島八幡宮の岩

杉田丘陵で見つかったペトログラフ

アム」とした。

縄文時代は一万年以上にわたりに戦争はなかった。それは傷のない人骨から証明されているが一方、対照的に渡来人がやって来た弥生時代になると、深傷を負った、あるいは明らかに刀傷や首の切られた人骨がでて弥生時代の戦争が想起される。土井ヶ浜遺跡も弥生時代の激しい戦闘を物語る証明となった。

なかでも二、三十本の矢が突き刺さって戦死した人骨が人類学ミュージアムにあるのだ。筆者はしばし荒涼とした風景に浸った。

見学後、下関へ戻り、ビジネスホテル内の食堂でふぐ鍋。地元だけに東京の半値以下。ところが店員が全員外国人だった。渡来人は古代から今に続いていたのである。

下関市内の南部は彦島《ひこしま》と呼ばれる。

巌流島の決闘はこの近くで、このあたりも古代は海だった。彦島八幡宮に先史時代の神代文字を彫り込んだ岩（ペトログラフ）がある。周囲をフェンスで囲んでいる。

一部の歴史家は、この岩彫刻文字がシュメール時代と同期にあたる六千年前のものであるため、シュメール文字の分かる人たちが上陸し、多くの岩に文字を残したとする。

ペトログラフは彦島杉田丘陵でも見つかっているが、三菱の下関造船所近くの海から七つの岩が見つかり、これが近年になって彦島八幡宮境内に運び込まれた。「日の神や大地の女神、大気の神、天なる父神などに、豊穣をもたらす雨を、男女神に祈った」と解釈できるという。

江戸時代の国学者、平田篤胤《あつたね》は晩年、神代文字の研究に打ち込んだ。

## 歴史から忽然と消えた高志国

突如、姿を消したのは縄文土偶、銅鐸《どうたく》、埴輪《はにわ》、そして古墳である。なにかのブームが終《しゅう》焉《えん》したかのように或るときから作られなくなった。

縄文時代中期にさかんにつくられた土偶は紀元前一千年頃から突然、姿を消した。おそらく祭器としての需要がほかに移ったか、或いはシャーマニズム的な原始宗教に何か革命的な変質があったのだ。

「高志《こし》国」が歴史から消えたのもミステリーである。

「越乃寒梅《こしのかんばい》」はまぼろしの銘酒、日本一うまい米は「コシヒカリ」。なかなか手に入らなかった。越前蟹《えちぜんがに》、金沢の甲箱蟹《こうばこがに》と並んで富山は「高志《こし》（越）の紅蟹《あかがに》」がある。

「越」といえば新潟県は上越《じょうえつ》、中越《ちゅうえつ》、下越《かえつ》に分かれ、もうすこし地図を広げると、京都に近い順に越前《えちぜん》（福井）、越中《えっちゅう》（富山）、越後《えちご》（新潟）の三越《さんえつ》。デパートの三越《みつこし》の故郷である。三越の前身は越後屋だ。

この「越《こし》」が古事記にでてくる高志《こし》のことである。西暦七世紀中盤まで、大和政権の統治が及ばない地域に「高志国」があった。海の交通路の関係から、出雲《いずも》とは深い縁があった。ツングース系海賊の来襲と戦い、何回か侵略を防いだという。

糸魚川《いといがわ》の奴奈川姫《ぬなかわひめ》伝説は出雲の王に求婚されて嫁ぐ物語だ。往時、高志国は越前から加賀をまたぎ、新潟をまたぎ、現在の山形県庄内《しょうない》までの広域を意味した。だから福井県、富山県、新潟県には「高志」の名が冠せられた高校があり、富山には古志《こし》神社。また地震で全国区となったのが新潟の山古志《やまこし》村だった。

この謎の国・高志国は古事記以前にもその存在は木簡《もっかん》に書かれ、律令制度のもと国司が派遣されたのは大化の改新（六四五年）以後である。

　スサノオは出雲の平定に向かい、決闘を挑んだ八岐大蛇《やまたのおろち》は出雲の山奥。この蛇伝説も越後生まれらしい。ここで越（高志）と出雲の連立が成立したと筆者は推定している。

　海が交通の主要ルートだったから往来が頻繁《ひんぱん》だったのである。いまの福井県の敦賀《つるが》、三《み》国《くに》は古くからひらけた港である。糸魚川の翡翠《ひすい》は船で出雲へも運ばれた。出雲に玉造《たまつくり》温泉が知られるが、たま（玉）をつくった、という意味は宝石の加工工場があったのである。鳥取県の境港《さかいみなと》も高志港と呼ばれたことがあるという。

　スサノオ伝説、ヤマトタケルなどの物語から推察できることは、大和朝廷の統治及ばず、統一のために戦闘があったことである。

糸魚川駅前にある奴奈川姫の像

　飛鳥時代前期と重なる古墳時代は三世紀末から七世紀初頭までだった。あの巨大規模を競った古墳の造成とて或る時期からピタリと止《や》み、建設されなくなった。
　第二十一代雄略《ゆうりやく》天皇は仁徳《にんとく》天皇陵をこえる大規模な古墳をつくろうとして周囲から反対され、小規模に留めた。じっさいに大阪府羽曳野市の現地に行ってみると、古市駅から道に迷いながら住宅地を突《つ》きぬけた場所に小ぶりの雄略天皇陵がある。

古墳は近畿のみならず、じつは長野に千六百年前の王の墓「森将軍塚古墳《もりしょうぐんつか》」があり、茨城県にもかなりの数の古墳跡がある。古墳は宮崎県にも集中しているが、東北にはほとんどない。銅鐸《どうたく》も時期と地域が集中しているが、突然沙汰止《さたや》みとなっている。古墳の副葬品として夥しくつくられた埴輪も突然とまった。

## ケルト人と原日本人の共通性

切支丹伴天連《きりしたんバテレン》の儀式が商業主義に歪《ゆが》んだ典型はバレンタインデーばかりではなかった。ハロウィンが、そもそも如何《いか》なる歴史、どのような起源をもつか、誰もが深い知識をもつとは考えられず、カボチャの仮装行列、はては漫画的な衣装をきて練り歩くお祭りくらいの関心しかない。この現象は日本の文化の劣化を象徴しているのではないか?

イベントを支える人たちはキリスト教とも無縁であり、参加者はテント村での買い食いとか、インスタグラム撮影をする程度。そのくせ、日本の重要行事である新嘗祭《にいなめさい》への関心が薄いときている。

そもそもハロウィンはケルトの宗教儀式が起源である。

ケルトは自然信仰、それも太陽信仰であり、光と闇に世界を分けた。古代のゾロアスター教も日本の縄文時代の宗教観も基底《きてい》は同じである。

シーザーの『ガリア戦記』に描かれているガリアは地理的には南フランスからスイス、ベルギーを指すが、民族的にはケルト人を意味する。したがってケルトの末裔《まつえい》は欧州全域に分散し、スペインにもドイツにもいる。

アイルランド・タラの丘のリア・ファル（運命の石）

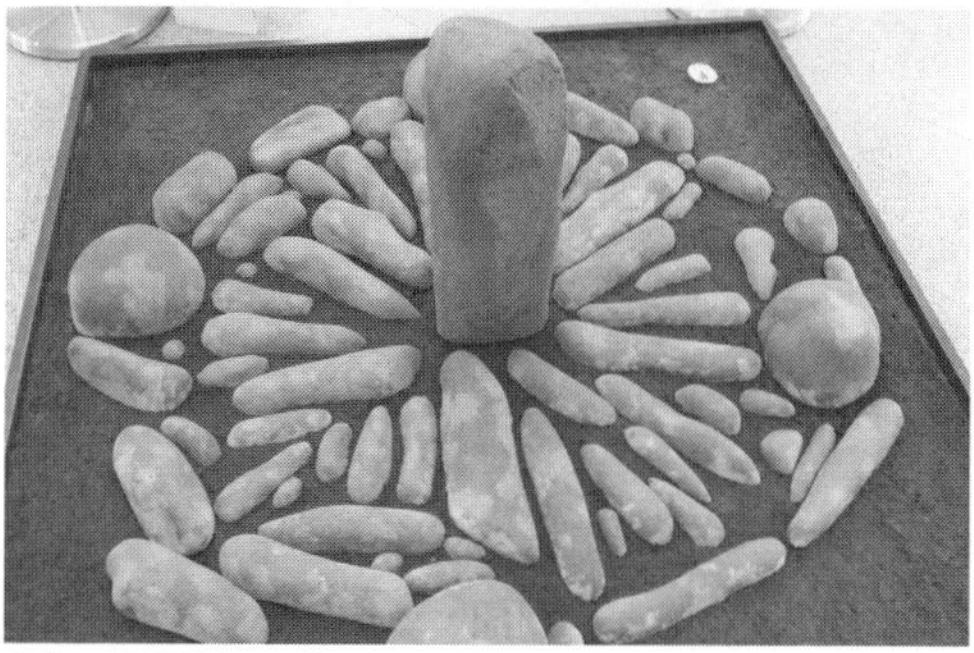

青森・是川遺跡の石棒サークル

ケルトはインドあたりを起源とする説が有力で、欧州各地を流転し国を建てず、統一王朝を持たず、「移動する民」であった。

ケルトの最大の王といわれたタラ王は、権力の象徴ではなく、ケルト人の一種宗教的な収斂《しゅうれん》作用としての存在だった。アイルランドの「タラの丘」に屹立《きつりつ》する石棒は、わが縄文遺跡から夥《おびただ》しく発掘された石棒と同じで信仰の祭壇、あるいは祭器だった。

ケルトは数千年にわたり各地を移動したが、或る種族がアイルランドに住みついた。だからアイルランド各地に濃厚なケルト文明の痕跡が残り、文化的にも方言のような、ケルト語が残る。

ケルトは自然崇拝、そして輪廻《りんね》転生《てんせい》を信じていた。

アイルランドのキリスト教は、この地元の信仰の土壌、その習俗のうえに覆《おお》い被《かぶ》さるようにして拡大した。だからケルトの十字架は中央部に日輪がかぶさる。三つ葉のクローバを尊重する伝統がある。

ケルトは農耕民族である。古代ケルトは狩猟、牧畜も兼ねたが、基本が自然崇拝であり、四季を尊び、そのたびの儀式を尊重した。牧畜を除けばわが縄文人と同じである。

日本でも春秋の夏の彼岸、夏のお盆、そして冬至には、たとえばカボチャを食し、日本の祭祀王《さいしおう》（プリースト・キング）たる天皇は新穀《しんこく》を捧げ、五穀豊穣《ごこくほうじょう》を願う新嘗祭を行い、改元となれば天皇家の田と庶民の田から収穫された新穀とで「大嘗祭《だいじょうさい》」を司るように、ケルトがもっとも重視した祭礼がハロウィンである。

ケルトには日本の三種《さんしゅ》の神器《じんぎ》のように「四種の神器」がある。日本の神器は剣、鏡、勾《まが》玉《たま》だが、ケルトのそれは無敵の「魔剣」「魔の楯《たて》」、打出《うちで》の小槌《こづち》のような「魔の釜《かま》」。そして「運命の石」（戴冠式《たいかんしき》で上に王がのる）である。

## 秋田県のストーンサークルはどんな文明だったのか

縄文遺跡のなかで、世界に共通するのが秋田県の「大湯環状列石《おおゆかんじょうれっせき》」、いわゆるストーンサークルである。

考古学者の多くは、これを日時計ではなく墓地と見ている。広場の真ん中で宗教的儀式が執《と》り行《おこな》われ、祭礼と祭器、そして祈禱《きとう》し、預言し、巫女《みこ》、シャーマンが存在したに違いない。

英国のストーンヘンジは天文台だったという説が有力である。地中海に浮かぶマルタの巨石神殿ほか世界各地の巨石神殿と祭礼の共通性がある。太陽信仰で石の並べ方に科学があり、神秘的だが建築学的には合理的である。

日時計にもなり、そして巨石の下が墓場でもあった。これはイースター島のモアイ像とも発想とその精神文化に共通性がある。モアイ像は縄文よりはるか後期の遺跡だが、墓標という発想は共通していた。

秋田県鹿角《かづの》市にある大湯環状列石遺跡は森で囲まれており、付近には熊が出没するため県道を車で走行し、車窓から撮影するしかない。

遺跡跡は宏大であり、中央の広場に記念館がある。この付近だけは熊がでないらしい。

大湯環状列石

大湯環状列石の野中堂環状列石（鹿角市ホームページより）

大湯ストーンサークル館（秋田県鹿角市十和田大湯字万座《まんざ》）に行くと、現場の説明があり、なんと三十キロ前後もある重い石が七千二百個。これを二里近く離れた安久谷川《あくやがわ》から、それも緑色の石だけを選び、クレーンもない、重機もないブルドーザもない時代に人力で運搬して環状に並べたのだ。

それが凡《およ》そ四千年前、縄文時代である。

イースター島でみたモアイ像たちも採石場から人の力でえっちらおっちら海岸へ運んだ。

縄文人は何を思い、どのような形式で信仰を深め、いかなる祭りを行なったのだろうか。

人々は何を祈ったのか？

火の祭りを基軸に呪術師が祭礼を采配《さいはい》し、巫女がいて、宗教儀式の神秘があり、文化の深奥《しんおう》が展開されていたに違いない。

遺跡から発掘された夥《おびただ》しい土偶、土器、深鉢、飾り物、壺、木製や石の農耕具、矢、石斧、これらのひとつひとつが手製であり、縄文人が丹誠《たんせい》込めて、祈りを籠めてつくったのだ。

弥生の文化には渡来人の影響がたしかに認められる。しかし縄文は日本独自の文化と文明を形成し、狩猟と植物、とりわけ栗などを栽培《さいばい》して食し、大きな集落を形成した。しかも弥生時代を劃然《かくぜん》と区別する重要な事実があった。

すなわち遺骨から採集されたDNA鑑定もさることながら縄文人は戦争をした形跡がほとんどない。この点は声を大にしたいところである。

永遠とは何か、テツガクの基本の一つである。すべてはいずれ消える。だから無限への憧憬が強まり、ひとは永遠を願い、不滅を求める。まさに天皇の存在は永遠の魂である。

## 差別語「倭」を使う『魏志倭人伝』は信用できない

日本の史学世界の『魏志倭人伝《ぎしわじんでん》』論争は異常である。

本居宣長はずばり書き残した。

「魏志倭人伝など、信頼するに値しない」と。

『魏志倭人伝』は日本を「倭」などと表現していて失礼である。何故、当時の日本がすんなりと受け入れたのだろうか？　しかも歴史家たちはなぜ、このことに疑問を呈さないのか？

「倭」なる侮蔑語は言うまでもなく、ちび、侏儒《こびと》を意味する。いくら受容力が寛大すぎる日本でも容易に受け入れる筈はない。自虐的な歴史家やGHQのお先棒をかついだ御用学者、左翼歴史家が好んで使うため、いまだに倭人とか倭寇とか「倭」が一部には普遍的である。

北畠親房《きたばたけちかふさ》は『神皇正統記《じんのうしようとうき》』のなかに、こう書いている。

「漢土《かんど》より倭となつけける事は、昔此国《このくに》の人はじめて彼土《かのど》にいたれりしに、『汝《な》が国の名をばいかがいふ』と問《とひ》けると、『吾国《わが》は』といふをききて、即《すなわ》ち倭と名づけたりと見ゆ」

つまり倭は漢が勝手に命名したのである。しかし『後漢書《ごかんじよ》』には「大倭王は椰麻堆《ヤマト》に居す」とあって、「大王」の間に「倭」を挿入するかたちをとり、『唐書《とうじよ》』となると、「高宗喊亭《かんてい》年中に倭国の使初めてあらためて日本と号す」。

それ以前、推古《すいこ》天皇の御代に聖徳太子は隋《ずい》に国書をおくり、「東天皇、敬白西皇帝」（ひむがしのすめらみこと、つつしみて、にしのこうていにまおす）。「王」から「大王」そしてスメラミコトを「天皇」と呼称していたことが分かる。

天智《てんじ》天皇の御代となって、「日本」を正式国名にした。「倭」なる自虐的・侮蔑的名称は日本からは消えた筈だった。

しかし現代中国人が内輪で使う「倭奴」に象徴される軽蔑、侮蔑の態度は変わっていない。かつて匈奴《きょうど》、鮮卑《せんぴ》と悪いイメージを持つ呼び方をしていたが、いまも内蒙古《うちもうこ》の「蒙古」とは蒙昧《もうまい》で古いと言う意味である。チベットを意味する「西蔵」は物置ていど、ウイグル人の居住地「新疆《しんきょう》」は新しい辺疆《へんきょう》という意味である。徹底的に貶《おとし》めているのだ。

かつてソ連を悪の帝国とレーガン米大統領は主張したが、中国はレーガンに「黒根」の文字をあて、台湾は希望の指導者として「雷根」をあてた。

さしずめ日本では悪漢、卑劣漢の「漢」は、表現が抑えられているが、「痴漢」はそのままである。

聖徳太子立像（飛鳥寺）

ちなみに米国のトランプ大統領を中国は「特朗布」（ティランプ）表記としていたが、台湾は「川普」（テュァンプ）をあてている。

「倭寇」という名称についでながら触れておくと、前期倭寇は強悍《きょうかん》な日本人海賊が指導したらしいが、後期倭寇は倭が強いという実績と噂によってシナ人の海賊たちが都合良く「倭」を名乗ったに過ぎず、主体は漢人、拠点は上海《シャンハイ》の南、寧波《ニンポー》だった。

中国の歴史書は易姓《えきせい》革命の国ゆえに、次の王朝ができてから正史が編まれる。あることないこと、権力側に都合のよいように書き換えられ、あるいは改竄《かいざん》され、創作されるのである。

## 稗田阿礼は「渡来した西洋人」だったのか

「すべての学説は仮説である」（林房雄『神武天皇実在論』ハート出版）

田中英道氏の『日本国史の源流』（育鵬社）は、たとえば三内丸山《さんないまるやま》縄文遺跡にある大建築は神社の原型ではないかと異説を唱えている。

夏のある日、筆者は神武天皇陵から三輪山《みわやま》、畝傍《うねび》を歴《へ》て吉野を再訪した。橿原《かしはら》の宿になぜか、聖書が置いてあった。神道の根源的な地域のビジネスホテルの部屋になぜ聖書が？

それはともかく、久しぶりに聖書を開いた。その訳本はマタイ伝からの編集だが、アダムとイブ、誰それから誰それへと系譜が述べられる。古事記、日本書紀をみるとイザナキ・イザナミから天照大神《あまてらすおおみかみ》、スサノオ、ニニギノミコト、カムヤマトイワレビコ（神武天皇）への皇統譜が述べられている。書き出しが類似していることを改めて考えた。

だから『古事記』を口述した「稗田阿礼《ひえだのあれ》」は渡来した西洋人ではなかったのか、と田中史学の真骨頂が飛び出すのだ。筆者は稗田阿礼は職名と考えてきたので（池澤夏樹氏らも同意見だが）、ビックリである。

田中英道氏はかく言われる。

「稗田阿礼は決して縄文からの家系の人ではなく、渡来した西洋人であったと考えられます。（旧約聖書の）オルフェウスの物語を、神話の口承《こうしょう》者である稗田阿礼は、その西洋人としての記憶のなかに遠く伝わる夫婦の悲しみの物語として、イザナギ、イザナミのなかで語らざるを得なかったのでしょう」

さらに類似性をあげて、田中氏は続ける。

天の浮橋のイザナギとイザナミ（小林永濯・画）

「ギリシア神話との相似性は、アマテラスとスサノオの関係にも見られます。この二神は、兄・妹のイザナギ、イザナミと異なって姉弟の関係にあります。この関係は、ギリシア神話ではゼウスの姉の太陽の女神デメテールと弟の海神ポセイドンの関係に似ています」

ただしどろどろとした夫婦、近親相姦はあっても、母子の相姦関係は日本神話には見られない。アダムとイブはエデンの園を追われる。イザナギとイザナミの初期の子らは蛭子《ひるこ》だった。それは女性から誘ったからで、男から誘うとちゃんとした子が生まれる。黄泉《よみ》の国へ行った妻を夫が追うが、そこで見た化物《ばけもの》と酷似する物語は旧約聖書でも語られ、アルフェオスとエウルデユケーの話では妻が毒蛇に噛まれて死んでしまい、地上に帰る直前に夫は妻を振り返る。

共通するのは「妻の死を冥界《めいかい》から連れ戻そうとして失敗するという愛の悲しみ」であり、「死というものの真実を見てはいけないという掟《おきて》を夫が破るという愚かさにある」と田中教授が言う。

この仮説、大いに議論となるだろう。

## 古事記、日本書紀を教えずして英語を教える愚

戦後、神話は否定され「あれは作り話だ」と教わって、古事記も日本書紀も読まなかった世代が団塊の世代とそれ以降の戦後派である。

この世代が青春時代をおくった高度成長期は「岩戸《いわと》景気」「神武以来」と神話の名前が冠

せられていたのは皮肉である。

古事記の特色と言えば、大和言葉を当て字の漢字で書いていることだが、あからさまに皇族、祖神、そして眷属《けんぞく》のスキャンダラスな裏切りや武力抗争、色事などをあけすけに書いている。天衣無縫《てんいむほう》である。これがなぜ天皇家の正統性や権威を高める書物といえるのか不思議である。左翼学者はたぶん、読んでいないのではないか。

国譲りの舞台となった稲佐の浜（弁天島）

どこにも天皇支配の正当化に該当《がいとう》する記述はないのである。西部邁《にしべすすむ》氏が言ったように「条約をまったく読んでなくて安保ハンタイを叫んでいた」（宮崎と西部氏との共著『アクティブ・ニヒリズムを超えて』文芸社文庫）。
古事記は文字こそ漢字表記だが、日本語に添って発音通りの記述は、当時の日本語が五音ではなく八声から成立していたことが了解できる。
同時に古事記は出雲神話を取り入れて、国譲《くにゆず》りの物語を詳しく書いているが、この物語は日本書紀には欠落している。

なぜなら大和王朝のはるか以前に出雲に立派な文化圏が存在していたことの記述を日本書紀は避けたかったからだ。まして出雲との戦いは「国譲り」の美談ではなく、諸国を巻き込んだ大乱だったようである。

正史は日本書紀であり、全文が漢字、しかも中国人の文書顧問がいたことも分かっているうえ、「日本」という国名が三百回も出てくる。古事記には「日本」は登場せず、「倭」か「豊葦原《とよあしはら》の瑞穂《みずほ》の国」と書かれている。

それゆえ古事記は日本を正式国号とする(七〇二年)以前にすでに成立していた可能性がある。記述内容を勘案《かんあん》してみると、日本書紀の半世紀前には成立していたと考えた方が合理的ではないか。

ましてウサギが人間の言葉を喋《しゃべ》るなど、あり得ないお伽話《とぎばなし》も豊富である。古事記は気楽に、物語の楽しさ、浪漫があり、詩的なのだ。

江戸時代にすでに記紀に準拠して歴代天皇の御陵《みささぎ》が整備された。全国に皇后、皇太后の御陵を含めて陵は百八十八あり、そのうち歴代天皇陵は百十二箇所。御陵にくわえて皇族の墓をくわえると、全国の陵墓総面積はおよそ六百五十二万平方メートル。皇居の約六倍の広さとなる。江戸時代、五代将軍徳川綱吉《つなよし》の時から調査と特定が行われ、幕末にほとんどの天皇陵が治定《ちてい》された。すべては古事記、日本書紀に基づいているのである。

現代歴史学はこれら古事記以前の書物をまったく顧《かえり》みないばかりか、学校教育では記紀さえ教えない。古典を教えずして外国語を教えても、役に立つ国際人になれるとは思えない。若者たちは神話を知らない。国の成り立ちに興味がない。むしろ外国へ行って日本の国の神話を聞かれて慌《あわ》てて帰国してから古典を探すという体たらくを繰り返している。

## 飛鳥の石舞台とイースター島のモアイ像

日本にある飛鳥の石舞台は蘇我馬子《そがのうまこ》の墓とされる。

しかしあの巨石をどうやって運搬したのだろう？　小学生でも不思議に思うだろう。エジプトのピラミッドより大きな仁徳《にんとく》天皇陵など近畿一帯の古墳群は世界遺産となった。数年前、仁徳天皇陵を一周した経験がある。住宅地やカーブする道が多いので一時間半ほどかかった。

それほど大規模な前方後円墳《ぜんぽうこうえんふん》とて発掘が進まないために巨大な謎である。巨石の運搬方法だが、石切場でかたちをほぼ完成させ、建てる場所にあらかじめ溝を掘っておいて、そこへトロッコ方式で巨石を転がしながら定位置に嵌《は》め込んだ。イースター島に行くと、巨石立像もまた謎が多いだけに、人々の夢と想像力を掻きたてられる。

たとえば阿久悠作詞の流行歌「ＵＦＯ」はイースター島で着想を得た。この夢想的浪漫

我馬子を埋葬したとされる飛鳥の石舞台古墳（横穴式石室）。奈良県明日香村

仁徳天皇陵

旅行には画家の横尾忠則氏らも加わった。

　イースター島には神秘に包まれた精霊が生きていると住民は信じている。

　モアイ像信仰は七世紀から十八世紀まで続いたが、スペインの侵略前に部族間の闘争で自ら破壊した。人口が増え、食料の争奪戦が起きたからだ。島のなかに十一から十二の部族が分散していたため対立を激化させ、お互いのモアイを引き倒す戦争を始めた。

　イースター島は、日本史との比較で言えば、およそ千年遅れて縄文から弥生時代をむかえた計算になる。けれども絶海の孤島の文明と日本とを比べることにさほどの意味はない。ちなみに現在、モアイ像が十五体並んで壮観な場所があるが、これは観光用に組み替えたもので、捨てられていた海岸から拾い集め、並列に並べたのは、クレーンを寄付した日本企業の協力による。

部族間の「モアイ倒し戦争」は十七世紀前半の出来事だった。聖地を破壊して島の主導権を争った。一万人もいた島民は激減し部族同士が敵対し、敵の祭壇を破壊し合った理由はそれによって相手のパワーが失われるという信仰にもとづいた。

このようにイースター島では部族間で破壊し合った後、「鳥人信仰《ちょうじん》」というトロイアスロンの原型のような激越な競技が行われ、勝ち組が一年間の酋長《しゅうちょう》を決めたという、やや民主的な時期もあった。沖合の無人島まで泳ぎ、鳥の卵を壊さないでもって帰る競技はユーモラスで平和的でもある。しかし長続きしなかった。

イースター島モアイ像

大航海時代の末期に英国がスペインの権益を奪うためチリに領有をけしかけ、以後、イースター島はチリ領土になる。だからサンチャゴからしか定期便は乗り入れていない。島のあちこちに生い茂る椰子《やし》はタヒチから輸入して育てた。

イースター島のモアイ像の前で筆者ははたと考えたのだ。イースター島の現地人はチリへの帰属意識は薄弱であろうし、むしろ国風の復活があるのではないか。

## 万葉集と大和言葉こそ日本人のこころ

日本人のこころの故郷は万葉集にありと多くの人が語った。

大波乱に陥ったり、政治の激動期だった日本で、歌集を国家事業として編纂《へんさん》したのだから、奇跡の文化事業であった。

保田與重郎《やすだよじゅうろう》は次のように書いた。

「この歌集は決して太平の御代の国風を集めたものではない。われわれが万葉集の精神をみるということは、そういう国家の大事に当たり、国民思想の根底をつくような大事変のしきりに起こる中で古人がいかに国体の真髄を守り、神と天皇に仕え奉ったかを見るのである。歌の調べの美しさも、慟哭も、嗚咽も、みなこの一点より解さねばならぬ」(「万葉集と軍歌」)

保田の解釈は従来の解釈を遥かに超えたものである。

近年はこころの故郷を求めてか、万葉の故郷である大和路、飛鳥には観光客が押し寄せている。

渡部昇一氏の『万葉集のこころ　日本語のこころ』（ワック）は、「万葉、大和言葉によって日本人が作られた」という。

筆者には、大和言葉は縄文人の発明ではないのかと、沸き出してくる初歩的な疑問がある。それは渡部氏が「日本人は日本語の中に生まれるのであって、単に意思伝達の道具として日本語を学ぶのではないのである」とし、例えば、「われわれは自然界にある桜花の美がわかる前に、日本語の中にまず桜花の美をみる」という箇所がある。

いかに流暢《りゅうちょう》な日本語を喋《しゃべ》る外国人でも、和歌を詠《よ》むと、つかえる。読み方、どこで切るかを間違える。それは「伝統の外に生まれた人には、桜の散りゆく花びらに特別の美があることは見えはしないし、したがってその花びらに自己のアイデンティティを認めることもない」。

ここで渡部昇一氏は三島由紀夫の辞世に触れる。

　散るをいとふ　世にも人にも　さきがけて
　　散るこそ花と　吹く小夜《さよ》嵐《あらし》

世代を超えて愛唱される歌にも「万朶《ばんだ》の桜か襟《えり》の色、花は吉野に嵐吹く」（「歩兵の本領」）、「貴様と俺とは同期の桜」（「同期の桜」）等々、例を挙げれば際限がないほどに「桜」が出てくる。

「大和言葉とは？」として、渡部昇一氏はその定義を続けた。

「有史以前から、もう少し限定して言うと八世紀初頭に初めて歴史書（『古事記』『日本書紀』）が編纂される以前から日本人が使い続けてきた言葉であり、われわれの血と同じく古いのである」

漢語が頻出《ひんしゅつ》する、たとえば頼山陽《らいさんよう》の漢詩と、「湖畔の宿」のように大和言葉だけの歌謡曲を比べても、渡来人のもたらした外来言葉のもつ力と、大和言葉の情念的な語彙《ごい》とは自然と異なる。

漢詩はどことなく固くて論理的イメージが強いが、大和言葉には情緒が籠もっている。

## 儒教を拒んだ日本人の叡知

儒教が日本に根付かなかったことを津田左右吉《つだそうきち》はこう言った。

「儒教が日本化した事実はなく、シナ思想であり、日本人の生活に入り込まなかったのである。だから日本人とシナ人とが儒教によって共通の教養を受けているとか、共通の思想を作りだしているとか考えるのはまったくの迷妄である」（『支那思想と日本』岩波新書）

もっと具体的な説明がある。

石平著『なぜ論語は「善」なのに、儒教は「悪」なのか』（ＰＨＰ新書）は、「儒教」と『論語』

は別々の存在であり、孔子の心を体現したのは日本であり、中国では儒教は残酷な礼教となり、人々を暴力的に支配し、また儒教に「権力」を求めたという本質を指摘する。

文革（文化大革命）時代、石平氏は両親が田舎へ下放《かほう》されたため幼年時代は四川《しせん》省の田舎、祖父の下で育った。祖父は漢方医で、『論語』を徹底的に石少年に教え込んだ。暗記するほどにそれを学んだが、文革の最中《さなか》の或る夜、祖父が秘かに『論語』を燃やしていた。後難を怖れたからで、『論語』を持っているだけでもつるし上げの対象となった狂気の時代だった。

四川省から北京大学へ入学した頃、中国には自由の風が吹き始めていた。

日本の学問の聖地、湯島聖堂にある世界最大の孔子像（約4・5メートル）。孔子の高弟・四賢像も安置されている

「哲学専攻の私たちは当然のように、孔子や儒教などよりも、ルソーやフランス革命の理想、そしてサルトルに心酔していた。儒教でいう『仁義礼智信』よりも、『自由平等人権』などの言葉がわれわれの心を捉えた」

「『論語』には、人間性の抑

制や人間の欲望の否定を唱える言葉など何一つなく、ましてや女性の『守節《しゅせつ》』や『殉節《じゅんせつ》』を（礼教のように）奨励するような表現はどこにも見あたらない。そのかわりに、孔子が『論語』の中で盛んに語っているのは『愛』（仁）であり『恕《じょ》』（思いやり）であり、親の気持ちを大事にする意味での『孝』なのである」。

石平氏は中国の生活環境に嫌気をさして、ふと日本留学を思い立ち、神戸で生活し始めると「日本にきてからわずかひと月で、私は『礼』に満ちている社会の中で生きる実感を得」た。日本では礼節、こころのぬくもりがあり、「子供の頃に祖父から教わった『論語』の言葉と同じような暖かさを（市井《しせい》の人々が）持っていた」。

すなわち「儒教とは結局、孔子が没してから三百数十年後に、孔子とはまったく関係のないところで作られた一種の政治的イデオロギーであり、権力に奉仕するための御用教学なのである」。

だから儒教は論語とは無縁であり、「『論語』は大いに読まれるべきであるが、儒教とは単なる過去からの負の遺産であり、廃棄物として捨てておくべき」であると石平氏は結論するのである。

この道徳、節度、思いやり、寛大さが歴代天皇の治世に共通した。

それは戦争のない、一万年以上の平和を実現させた縄文文明という先達があったゆえに儒教を拒んだとも言えるのである。

# 第二章

# 白村江から元寇まで

「大化の改新」を「乙巳の変」と呼び換え、聖徳太子はいなかったとの新説が流行？遣唐使の廃止により華夷秩序から離脱した日本を襲った「元寇」にも負けず……。

## 「倭の大乱」はなかった

古代日本に大乱があった。これを「倭国大乱」と中国の歴史書にある。日本の史書には大乱に類する記述はない。疫病《えきびょう》の大流行ではないかと考える学者もいる。

いわゆる「倭国大乱」は出雲と大和の戦い、高志《こし》と出雲の戦い、そしてヤマト政権と高志国との闘いだったのではないか。ヤマトタケルが活躍し西国を平定したが、従来の学説では「国譲《ゆず》り」と美化した。

出雲が妥協してヤマト政権に国を譲った美談となった。

それはともかく「倭国大乱」という国内戦争は諸外国の戦争と比較すると歴然とするように死者が滅法《めっぽう》少ないという特徴がある。殲滅《せんめつ》戦争（皆殺し）ではなかったのだ。日本人の得意芸が「落としどころ」の発見を優先させるように、必ずどこかで折り合いをつけて妥協する。それゆえ、「倭国大乱」の「大乱」とは、おそらく「乱」程度の小競《こぜ》り合いであったことだけは想像がつく。

十年以上前のことだが石平氏と連れだって北京、上海を歩き、訪問先で編集者が録音をとって一冊の対談本を作ったことがある（『増長し、無限に乱れる「経済大国」のいま』ワック）。

北京で長安路《ちょうあんろ》の巨大な軍事博物館も時間を掛けて見学した。中国四千年の戦争の歴史をパノラマ風に、大きな戦争はジオラマの設備で示し、入り口にはいきなりミサイルが展示されて、学校の遠足研修にも使われる場所である。

見終わって石平氏が感銘深く言った。

「要するにこの博物館の展示には『戦争が悪い』とは一言も説明がなされていませんね」

「倭の五王」とかが古代日本にいてシナに朝貢《ちようこう》してきたと中国の文献（『宋書』）が言い張っている。

讃《さん》・珍《ちん》・済《せい》・興《こう》・武《ぶ》の五王とはいつの時代の、どの天皇なのかは定かではない。はたしてそんな国が、どんな首長が存在したのか。或いは北九州の地域の豪族が海を越えて使いを寄こしたことを『魏志倭人伝《ぎしわじんでん》』が大袈裟《おおげさ》に「邪馬台国《やまたいこく》の卑弥呼《ひみこ》」と書いたように倭の大乱とは伝聞だけなのである。ちなみに中国には魏志倭人伝という正式名の書物はない。正しくは『三国志「魏書《ぎしよ》」東夷《とうい》「倭人項」』である。

古事記にも日本書紀にも卑弥呼に関して一行の記述もない。まして日本中の何処を探しても卑弥呼神社がない。

そもそも「卑」とか「耶」とか侮蔑的な語彙《ごい》を日本人が当てるわけがない。

「倭の五王」と中国の文献が勝手に日本の天皇を名づけたが、古代史のパズルはまったく解かれていない。

シナ大陸に近代的な国家が存在したことはなく、王朝交替が起きているだけである。それが「中国」を名乗ること自体、僭越至極《せんえつしごく》だ。

ちなみに『宋書』は何と書いたか。

「孝武帝《こうぶてい》は倭国王に詔《みことのり》を与え、（倭王の跡継ぎである）興は、代々の（倭王の）忠誠を継いで、中国の外の藩屏《はんぺい》となり、（皇帝の）徳化を慕って国域を安寧にし、恭《うやうや》しく朝貢してきた」そうな。

文中の「中国」は宋朝である。そして五王の朝貢の努力が実り「倭国はようやく中国の世界秩序下に編成されるべき国、徳化が及ぶ国として認められた」と高みから日本を見下ろすかのように書いている。

倭国大乱の謎を解く鍵は、中国を基軸とするこの独断《どくだん》史観の欠陥をえぐることから始まる。

## 「中国」とは、実は日出る国・日本のことだった

中国では易姓《えきせい》革命により、王朝が変わるごとに前の王朝のことを書いて、それを「正史」としてきたことは述べた。

しかし近代のアカデミズムの学者らは中国の古代文献に書かれたことが正しいという基本認識、あるいは一種、強迫観念の下で論理を展開している。だから彼らは大きな誤謬《ごびゅう》に陥るのだ。

聖徳太子の「日出処天子、日没処天子（日出《いず》るところの天子、没するところの天子に）」という文書解釈はどうなのかと読むと、対等な外交を目指していた日本のスタンスとは解釈せず、日中双方に「天子」の解釈が異なったからだと甚《はなは》だしい牽強付会《けんきょうふかい》と詭弁《きべん》を弄《ろう》するのである。

中国の史書では遣隋使《けんずいし》・遣唐使《けんとうし》が、仏典と学問を学ぶために派遣されたのではなく、改元ごとの朝貢の挨拶《あいさつ》だったとする。

しかしながら遣隋使も遣唐使も隋と唐に渡って目撃したのは精神の曠野《あれの》だった。学べるものなしと判断して帰朝した。

逆に遣日使《けんにちし》が夥《おびただ》しく日本にきたが、かれらは日本に帰化するばかりだった事実は一行も触れていない。

日中国交回復の時、「台湾は中国の一部である」と中国が主張していることを日本政府は「留意する」とした。

ところが、中国は「日本も台湾が中国の一部であることを認めた」と政治宣伝に努めて既成事実をでっち上げようとした。台湾に対しても「九二年合意をもとに」と台湾が譲歩したような宣伝をしているが、これは李登輝《りとうき》時代のこと、しかも李登輝総統自身が「そんな合意は存在しない」と証言している。

ありもしなかった南京大虐殺の偽情報と宣伝は、当初、国民党が西側のスパイ、代理人を駆使してでっち上げたものだが、いま中国共産党がこれを便利に使っていることは周知の事実だ。

　ことほど左様に『宋書』とか、『魏志倭人伝』とかフェイクに近い歴史偽造もしくは改竄《かいざん》の文書をもって、これが真相に近いなどと、いまの日本のアカデミズムは倒錯した解釈で侃々《かんかん》諤々《がくがく》をやっているのである。

上海万博で復元された遣唐使船

　いまも中国に気後《きおく》れするのは政治家や外交を司る外務省ばかりではなかった。中国史観を軸にする歴史学界が同じ穴の狢《むじな》なのだ。
　本来、「中国」とは世界の中心のことだから日本の意味であり、北畠親房《きたばたけちかふさ》は「神州」、山鹿素《やまがそ》行《こう》は「中朝」とわが国を称した。
　さて倭国大乱の結論だが、伝聞を大袈裟に表現したようであり、実際に戦争が起きたにしては、どの場所にもその傷跡も、犠牲者の人骨もでていない。

# 大化の改新を「乙巳の変」と呼び変えていいのか

最近の歴史論壇では、大化《たいか》の改新《かいしん》を「乙巳《いっし》の変《へん》」と呼び変え、厩戸皇子《うまやどのおうじ》（聖徳太子《しょうとくたいし》）は実在しなかったなどと主張することが流行らしい。

げんに文科省の歴史教科書検定では、厩戸皇子を存在が疑わしいとして消し去る動きがあった。もはや文科省も左翼に征圧されたようである。

千田稔氏の『古代飛鳥を歩く』（中公新書）は日本のルーツを飛鳥に求めての浪漫の旅である。この時代に浪漫を求めるのも、日本人の心の故郷を万葉集に見出す人が多いからだ。

しかし「飛鳥は近代である」（林房雄）。飛鳥は日本人のルーツではない。

日本人のルーツは縄文《じょうもん》である。前提となる歴史認識が違うようだ。万葉の安らかにしておおらかな浪漫が雑音でかき消される気がするのだ。

大化の改新は、西暦六四五年（この年から元号を制定し、大化元年となる）、たしかに中大《なかのおお》兄皇子《えのおうじ》（後の天智《てんじ》天皇）と中臣鎌足《なかとみのかまたり》（後の藤原鎌足）による蘇我入鹿《そがのいるか》の暗殺というクーデターが大化の改新の切っ掛けであり、父親の蘇我蝦夷《そがのえみし》も自殺に追い込まれた（このときに古事記より古い重要文献の『国記』と『天皇記』が焼失した）。この「乙巳の変」なるは、狭義には暗殺事件による蘇我氏滅亡を指す。したがって乙巳の変とは、このクーデターを意味するが、後の政治の刷新を意味しない。左派の歴史学者らは、その天皇親政という政治のスタイルがお気に召さず、否定の態度をとるのである。

大化の改新では公地公民などの政治改革は継続された。したがって大化の改新の目的は広義には税制を改め、半世紀後の大宝律令《たいほうりつりょう》へといたる天皇親政システムの完成にあり、この間に難波《なにわ》への遷都も行われた。

大化の改新の図。江戸時代に住吉如慶・具慶によって描かれたもの。左上は皇極女帝。談山神社所蔵『多武峰縁起絵巻』より

大化の改新へといたる縦軸は蘇我稲目《いなめ》、馬子《うまこ》、蝦夷、入鹿の蘇我本宗家であり、崇峻《すしゅん》天皇を暗殺した蘇我馬子は聖徳太子の保護者にして実力者となったが、やがて舒明《じょめい》天皇擁立《ようりつ》をめぐって滅ぼされる。しかし蘇我本宗家は滅亡しても、分家一族は「石川」と改称し、やがて宋岳《そが》氏として甦生するのが蘇我氏の系図である。

推古《すいこ》天皇崩御《ほうぎょ》のあと聖徳太子の子らを差し置いて、田村皇子《たむらのおうじ》（舒明天皇）が即位されるが、この過程で蘇我宗家の衰退が明らかになり、初めて舒明天皇は飛鳥の中心部に宮を置かれた。

従前、ヤマトのあちこちを皇居は移転してきたが、舒明《じょめい》天皇以後は岡本宮《おかもとのみや》から皇極《こうぎょく》天皇の板葺宮《いたぶきのみや》、斉明天皇の後飛鳥岡本宮《のちのあすかのおかもとのみや》、天武《てんむ》天皇の飛鳥浄御原宮《あすかきよみはらのみや》と、天皇が変わるごとに皇居は移転した。

## 神功皇后の三韓征伐は史実だ

日本にとって最初の対外戦争は神功《じんぐう》皇后の三韓征伐《さんかんせいばつ》だった。白村江《はくそんこう》の戦い（六六三年）の前である。

しかし歴史的な文献が残っておらず、まだ確定的なことは語れない。歴史教科書は黙殺《もくさつ》するか欄外に小さなコメントでおしまいだ。しかし三韓征伐はたしかにあったのだ。それを証明したのが皮肉なことに中国吉林省集安《きつりんしょうしゅうあん》で発見された「広開土王碑《こうかいどおうひ》」である。

宇山卓栄氏の『韓国暴政史』（扶桑社新書）はこう言う。

「日本書紀の雄略紀《ゆうりゃくき》や欽明紀《きんめいき》では、日本（大和王権）が任那《みまな》をはじめ伽耶《かや》を統治していたことが記されています。（中略）『広開土王碑』には、倭が新羅《しらぎ》や百済《くだら》を臣従させたと記されています。新羅と百済は王子を日本に人質に差しだしています」

前方後円墳《ぜんぽうこうえんふん》が朝鮮半島南西部にまで分布しているのは日本の統治下だったからである。白村江《はくそんこう》の戦いに関する戦後の歴史認識は敢然《かんぜん》と改める必要がある。

任那日本府があったように、朝鮮半島の南端は日本の統治下にあったと考えると歴史のパズルは霧が晴れるように忽《たちま》ち解ける。

唐が新羅を攻め立て、ついで百済を侵略した。唐の大軍に対して日本にいた王子が大和朝廷に救援を求め、斉明《さいめい》天皇自らが大軍を率いて瀬戸内海から出軍した。途次の福岡（一節に防府《ほうふ》）で急逝《きゅうせい》する。その防衛路線を継いで日本は出兵したが、白村江の戦いで敗れた。

前掲書で宇山氏は「百済の滅亡が日本にとって、『遠い外国の話』ではなかったからです。事実上の自国の領土を侵犯されたという当事者意識とその国辱に対する憤激が日本を突き動かした」と見るべきだと強調する。

新羅征伐を前に釣り占いをする神功皇后と武内宿祢（月岡芳年・画）

そして新羅が裏切り、唐の属国となって以来、彼らには大国の言うことだけを聞くという奴隷根性が染みついた。ちなみに韓国人と話していると屡々《しばしば》「大国」という語彙を使うので、その意味を問うと「大国とは中国を指します」と答える。

山口県の西部にのびる海岸線に「本州最西端」の看板。「毘《び》沙《しゃ》ノ《の》鼻《はな》」への案内板がかかっていたことは前章にもみたが、地元の人に聞くと、この毘沙ノ鼻に三韓征伐の帰り、神功皇后《じんぐう》が寄港した言い伝えがあるという。神功皇后は瀬戸内海経由で長府《ちょうふ》に立ち寄った言い伝えが残るため、現在の山口県下関市長府に忌宮《いみのみや》神社がある。

ヤマトタケルの第二子、第十四代仲哀《ちゅうあい》天皇がここに七年間滞在した。熊蘇《くまそ》征伐に失敗し、妻の神功皇后がかわって新羅征伐へ赴いたと古事記には書かれている。

とりわけ大化の改新から白村江敗戦後の防衛強化と皇位継承をめぐる対立が、壬申《じんしん》の乱に至り、その乱後の波乱も長く尾を引いた。

この壬申の乱を舞台にした作品は戦後の日本文壇であまり書かれていない。

## 五年だけの都「近江大津京」の現在《いま》

伝承でしか存在は確認されなかった近江京《おうみきょう》だが、白村江の戦いに敗れた天智《てんじ》天皇は、国防上の理由から遷都《せんと》を決意し、交通至便で物流の拠点としても優位な地形の近江《おうみ》大津の地を選んだ。

大化の改新(六四五年)から十八年後のことだった。

ただし百済を失った直後だけに各地に防御陣地や山城、とくに太宰府《だざいふ》には水城《みずき》を造営するなど膨大な費用がかかったため首都移転はなかなか本格化しなかった。規模は宏大な敷地でもなく、臨時の皇居という印象が強かった。

天智天皇六年（六六七）から僅《わず》か五年間だったが首都の機能を果たした。飛鳥《あすか》にあって遷都に抵抗を試みる守旧派の存在は侮《あなど》りがたく、当時の遷都は既存政治勢力の一新を図る目的も含まれていた。それゆえに守旧派から近江京建設は眼《め》の仇《かたき》にされ、建設途次にも何回か放火にあった。

近江大津京が短命に終わったのは天智天皇崩御《ほうぎょ》のあと、後継の弘文《こうぶん》天皇（大友皇子《おおとものおうじ》）が、壬申の乱で、大海人皇子《おおあまのおうじ》（後の天武《てんむ》天皇）に敗れたからだ。

しかし天智天皇はこの地で近江律令《おうみりつりょう》を発令している。

大海人皇子は飛鳥の浄御原宮《きよみはらのみや》を造営し、近江京の宮殿の主柱や仏殿、内裏、正殿などを移設したため、近江京は廃都《はいと》と化してしまった。

伝承だけが残っていたものの再発見、発掘作業は昭和四十年代後半になってからである。京阪電車の近江神宮《おうみじんぐう》駅を降りるとすぐに錦織《にしこおり》一丁目。ここは住宅地のため狭い土地を四箇所のみ発掘し、溝や柱跡などから中規模な宮殿らしきことが確認されている。柱跡からは土師《はじ》の破片などが出土した。

筆者が見学したときに、これほどの出土品の少なさと規模からして巻向（＝纒向《まきむく》遺跡）に似た宮殿ではなかったのかと想像した。

近くに近江神宮があって、天智天皇を祭神としており、この神社は宏大な規模のうえ、相当な人出がある。この近江神宮は昭和十五年、皇紀《こうき》二千六百年に因んでの創祀《そうし》で、恒例の例大祭には勅使が拝礼に訪れる。

小倉百人一首の第一首目が天智天皇の歌であることからカルタ競技の聖地でもあり、また日本で最初に時計を取り入れたのが天智天皇であるため「漏刻《ろうこく》」(水時計)が境内に飾られている。

ゆかりの歌人、柿本人麿呂は、

ささなみの志賀の大曲《おおわだ》　淀むとも　昔の人にまたも逢はめやも

と詠んだ。これにヒントを得た保田《やすだ》輿《よ》重郎《じゅうろう》が詠んだ。

ささなみの志賀の山路の春にまよひ　一人眺めし　花盛りかな

(保田の歌碑は近江神宮の二ノ鳥居を登った左側にある)

近年、天智天皇が見直されているのは、百人一首とカルタ競技のアニメ「ちはやふる」に拠《よ》るそうな。

# 日本の国のかたちを新しくした持統天皇

華々しい活躍をした女性天皇の代表格は持統《じとう》天皇である。

天智天皇の系統から天武系に皇統が移行したが、つまり持統女帝の夫がその天武天皇（大海人皇子）だったのである。

いまの歴史学は、この珍しい女帝についてほとんど関心がないのだが、瀧浪貞子氏の『持統天皇　壬申の乱の「真の勝者」』（中公新書）は壬申の乱こそが「この国のかたちを決めた」と唱える。

持統天皇が「古代国家を完成させた」などと総括されると過大評価ではないか。だが、その治世が三十年にも及んだことを考えると長期の安定を獲得できたのは、やはり統治能力が高かったというのが客観的評価だろう。

持統天皇は大化の改新の年（六四五年）に、のちの天智天皇の子として生を受け、祖父、母を幼くして失い、十三歳で叔父の大海人皇子と結婚、二十七歳のときに壬申の乱を夫とともに起こし、天智天皇の第一子・大友皇子（弘文天皇）に勝利した。したがって壬申の乱の結末は、ある意味では「皇位簒奪《さんだつ》」と解釈されるかもしれない。皇位継承のありかたを兄弟継承から父子継承に転換させ、古代国家を形成してきた。神武天皇以後しばらくは末っ子の男子が継承してきたし、雄略天皇以後、空位が生じたときは四代前にまで溯《さかのぼ》って皇子兄弟を捜しだして皇位につかせた。したがって「この国のかたち」を決めたのではなく、かたちを変革したのである。

壬申の乱へといいたる伏線が白村江の敗戦だった。

「(敗戦は)その後に於ける我が国の政治や社会の在り方を方向付けたことである。遷都をはじめ国家制度や組織の改編など、律令国家の基礎が確立されるきっかけとなった」(瀧浪前掲書)。

壬申の乱は天武天皇元年(六七二年)、大友皇子と、持統天皇の夫・大海人皇子の皇位継承をめぐって、日本には珍しい大規模な内乱、古代史最大規模の「戦争」だった。

吉野に隠棲《いんせい》していた大海人皇子が兵を挙げ、名張《なばり》から伊賀、伊勢に進出し豪族を糾合《きゅうごう》、美濃で東国の豪族の合流を持って近江と大和に攻め込んだ。大友皇子側は西国の豪族の蹶起《けっき》を期待したが、白村江敗戦以後の防人《さきもり》制度、築城、兵力の維持温存に疲れ、不満を蓄積していたため合流せず、結局、壬申の乱は大海人皇子側の勝利となった。

この謀《はかりごと》を夫(大海人皇子、即位して天武天皇)とともに行った女帝だ。

即位した天武天皇は軍事力の強化にエネルギーを注いだ。武器の所有、武器庫の整備と点検、武力演習、兵馬、兵器、防衛拠点の拡充など、これらは国内の叛乱に備えての防衛ではなく、あくまでも外敵の侵略への備えだった。

天武天皇の勅《ちょく》は「およそ政《まつりごと》の要は軍事なり」。

まるで孫氏の兵法の基本、これが天皇の勅である。

天武天皇が急に崩御されたため、持統天皇（このときは天武皇后）は繋ぎの役を務めるために臨時王朝、すなわち「称制《しょうせい》」を立て、律令を取り入れ、藤原京《ふじわらきょう》遷都を敢行し、夥《おびただ》しい執務をこなし、なおかつ天武天皇の葬送儀式には仏教的要素を多く取り入れた。

「称制」とは天皇崩御ののち事実上の天皇として政務を執《と》ることを指す。天武皇后は天武天皇崩御から四年を称制、六九〇年（持統天皇四年）に即位し、持統天皇となられた。

なぜそうなったかと言えば、甥《おい》の大津皇子《おおつのおうじ》が誣告《ぶこく》され自害、最愛の息子だった草壁皇《くさかべのおう》子《じ》が立太子となるが、やはり急逝し、それではと後継をみれば、孫の珂瑠皇子《かるのおうじ》（草壁皇子の嫡男）は、まだ七歳だったからだ。当時は「譲位」の概念も制度も確立されておらず、しかも不文律で天皇の即位は三十歳になってからという習慣があった。

百人一首之内・持統天皇［春すぎて　夏きたるらし……］

持統天皇は、それまでのしきたり

を破り、珂瑠皇子を十五歳で立太子とし（後の文武《もんむ》天皇）、次にタイミングを選んで譲位する手続きを踏んだ。すなわち持統天皇によって皇統の継承は嫡流、その正統性が固まったという文脈において、日本の国の形を確定したのである。

天武天皇の御代に国号は「日本」となった。遣唐使が「国号・日本」を正式に通達し、唐の女帝、則天武后《そくてんぶこう》は異を唱えなかった。

万葉集には持統天皇ののびやかにして闊達《かったつ》な御歌が収まっている。

春過ぎて夏来るらし白妙の　衣干したり天の香具山

## 難波宮は「まぼろしの首都」ではなかった

日本書紀にある記述は難波宮《なにわのみや》が「焼失」したとだけ。じつに長きにわたって、この首都は歴史的に無視されていた。

ちなみに保守系「新しい歴史教科書をつくる会」の「歴史教科書」でも、みごとに難波宮はスルーされている。

駅名の「なんば」は難波であり、船場《せんば》という地名は船のアクセスが発達していたことを物語るだろう。大阪は商業の町として栄え、江戸時代には各藩が米倉を置いたし、世界史で初めての先物取引《さきものとりひき》も堂島《どうじま》で行われた。

もとより地形的に大阪は水の都とも呼ばれたほどに水運が発達しており、神武天皇東征のおりも湾内へ突入に失敗、結局、熊野路をまわり飛鳥を攻めた。

森ノ宮は大阪城へのJRの最寄り駅である。この地から縄文遺跡が見つかっており、古くから開けたことは分かっていた。また石山本願寺、秀吉の大坂城の宏大な敷地、これは難波宮の敷地の一部ではないのかと筆者は推測している。というのも現在の難波宮跡地は、「難波宮史跡公園」となって大極殿《だいごくでん》の基盤と八角殿《はつかくでん》の模型のような構造物があるだけ。北側はNHKや大阪市歴史博物館である。明らかに難波宮の敷地の一部であり、その大阪市歴史博物館の十階から大阪城を見下ろすと、大阪城のダイナミックな全景には感嘆の声をあげる。

支那の紫禁城《しきんじょう》は北京の象徴だが、清朝の皇帝は夏は承徳《しょうとく》に移った。承徳の宮殿もみごとな構造である。ロシア皇帝もエカテリーナ女帝はサンクトペテルブルグ郊外に冬の宮殿を持っていた。ということは難波の都は最初から「副都」であって、飛鳥と併設された宮殿だったことになる。

発見は大正時代だった。しかし陸軍が一帯を接収していたので、敗戦まで発掘の機会は訪れなかった。山根徳太郎（大阪市歴史博物館に胸像がある）が発掘チームをつくり、昭和三十二年に回廊を発見、天武天皇時代の宮室と判明した。持統天皇は夫の死後、藤原京へ遷都したことは教科書でも教えている。

難波宮は大化の改新の後に孝徳《こうとく》天皇が遷都し、六五二年に完成。元号は「大化」が嚆矢《こうし》だが、大化の改新と言われる刷新政治は、この難波宮が舞台だったのである。

その後も発掘は進み、南門、朝堂院《ちょうどういん》、朱雀門《すざくもん》など、どうやら日本の歴代宮殿最大の規模らしいことが判明した。

天武天皇は六八三年（天武天皇十二年）に副都《ふくと》制の詔《みことのり》をなされ、飛鳥とならぶ副都とした。

ところが三年後に全焼し、その後、聖武《しょうむ》天皇が神亀《じんき》三年（七二六）に再び難波を副都としての造営を再開、天平《てんぴょう》十六年（七四四）、難波への遷都を宣言した。しかし最終的には七四五年に柴香楽宮《しがらきのみや》に遷都、さらに七八四年には長岡京への遷都と、皇居は平安京に落ち着くまでは慌《あわ》ただしくあちこちを移転した。聖武天皇陵は奈良にある。

ともかく難波宮は「まぼろしの首都」ではなかった。

## 和気清麻呂が日本国を救った

和気清麻呂《わけのきよまろ》は神護景雲《じんごけいうん》三年（七六九）、宇佐八幡宮《うさはちまんぐう》の神託《しんたく》にまつわる事件で弓削道鏡《ゆげのどうきょう》の怒りを買い、暗殺の危機に晒《さら》されながら大隅《おおすみ》（鹿児島県）へ事実上の遠島処分を受けた。

しかし和気清麻呂の勇気と行動がなければ日本の政治は大いに乱れるところだった。救国の行為により後年、名誉回復され、京へ戻って正一位《しょういちい》にまでのぼった。戦前から終戦直後まで十円紙幣のデザインは和気清麻呂だった。日本人は誰もが知っていた。

戦後、GHQと左翼歴史家によって和気清麻呂の功績は掻き消された。和気清麻呂を教えない歴史教育ではまともな日本人を育てられるはずがないだろう。

野心家の弓削道鏡は天皇の位を奪おうとして政治的に暗躍した日本歴史に珍しい反逆者。称徳《しょうとく》天皇（女帝）は孝謙《こうけん》天皇の重祚《ちょうそ》だが、この時代、政治を事実上司《つかさど》っていたのは道鏡で、その支持者の吉備真備《きびのまきび》は従三位《じゅさんみ》、勲一等の参議・中衛大将《ちゅうえのだいしょう》から正二位《しょうにい》・右大臣にまで上り詰めた。道鏡は「太政大臣禅師《だいじょうだいじんぜんじ》」として、あろうことか「法王」の位に就《つ》いていたのも称徳天皇との特殊な関係による。

しかも女帝・称徳は「皇太子を定めないのは天の許す後継者がいないためだと弁明する。正規の配偶者がいない女帝にもかかわらず、道鏡と事実上の夫婦関係にあったらしい女帝」であった（平野邦雄『和気清麻呂』吉川弘文館）。

当時、宇佐神宮の神官でもあった中臣習宜阿曾麻呂《なかとみのすげのあそまろ》が神託を得たとして、道鏡が皇位につけば国家安泰天下太平になると称徳天皇に奏上した。この神託が本当かどうか。「念のため、確かめよ」と、称徳天皇は和気清麻呂を宇佐八幡に派遣し、神託の確認をさせたのだ。称徳天皇にとっては宇佐神宮の神託で権威付けをおこなう目論見《もくろみ》があった。

和気清麻呂は、この神託の確認は日本史を震撼させる結果をもたらすであろうと深く認識し、旅立ちにあたって次の歌を残した。

西ノ海立つ白波の上にして
　なにすごすらん　かりのこの世を

和気清麻呂は決死の覚悟だった。舟で宇佐《うさ》へ上陸し、斎戒沐浴《さいかいもくよく》し、勅使として参拝した。いま大分県宇佐市へ行くと、神宮までの道すがら和気清麻呂上陸地点の石碑と「船繋《つな》ぎ石」があり、また和気《わき》という地名（宇佐市和気）が残る。荘厳な宇佐神宮には平日でも参詣する人々の列がある。同社絵画館でその絵画をみたとき、筆者は雷に打たれたような衝撃を受けた。

まさに清麻呂が天皇の宣命《せんみょう》を読もうとしたときに大神が出現、神風が吹いた。

大神の神託は、

「天《あま》の日継《ひつぎ》は必ず帝の氏を継がしめむ。無道《むどう》の人は宜《よろ》しく早く掃《はら》い除《のぞ》くべし」

この神託を和気清麻呂は京都へ持ち帰り称徳天皇に奏上《そうじょう》した。ところが道鏡と通じていた天皇が立腹し、因幡《いなば》へ左遷の上、「別部穢麻呂《わけべきたなまろ》」と「穢」の文字を当てての改名を強要して大隅《おおすみ》へ流罪とした。道中、清麻呂の暗殺を謀《はか》る覆面の刺客に襲撃をうけるが、突然の雷雨落雷、三百頭の猪《いのしし》が突如現れて清麻呂を護ったと伝えられる。本当はボランティアの護衛団が随伴《ずいはん》したのだ。

この場所は和気《わけ》神社（鹿児島県霧島市）となって霧島連峰の中腹、山深き緑に囲まれた神秘な場所にある。

神護景雲《じんごけいうん》四年（七七〇）、称徳天皇が崩御《ほうぎょ》され、直後に道鏡も失脚した。皇位を継がれた光仁《こうにん》天皇は和気清麻呂を呼び戻し、二年後には播磨《はりま》、豊前《ぶぜん》の国司を歴任させた。道鏡は官位を剥奪《はくだつ》されて下野薬師寺別当《しもつけやくしじべっとう》に格下げされ、宝亀《ほうき》三年（七七二）に死んだ。

宇佐神宮で神託を受ける和気清麻呂（宇佐神宮絵画館）

日本に正気《せいき》が蘇った。

後年、平安遷都の大業《たいぎょう》は、清麻呂が延暦《えんりゃく》十二年（七九三）に桓武《かんむ》天皇に建議して実現した。そればかりか和気清麻呂は最澄《さいちょう》を見いだして広く仏教の普及にこころをくだき、息子の広世《ひろよ》、真綱《まつな》、仲世《なかよ》の三兄弟は最澄、空海《くうかい》を保護し、唐風仏教の影響から日本独自の平安仏教の創立に尽くしたのである。

戦後、歴史を破壊する左翼歴史家らが、トンでもないことを言い出した。道鏡の失脚は藤原氏の陰謀であ

京都護王神社の和気清麻呂像前で著者

り、宇佐神宮の神託はもともと道鏡を失脚させるため予《あらかじ》め計画されていた策謀であったなどと東大教授の井上光貞あたりが言いふらした。いまは顧《かえり》みる人もいない俗論、というよりできの悪い推理小説の類だが、価値紊乱《びんらん》の戦後しばらくは、こうした出鱈目《でたらめ》がまかり通った。

和気清麻呂のことを現代日本人は忘れているが、祭神が和気清麻呂の神社は全国に三社ある。

鹿児島県霧島市牧園町《まきぞのちょう》宿窪田《しゅくくぼた》三九八六にある神社が右に触れた「和気神社」である。これは幕末の嘉永《かえい》六年（一八五三）、名君と言われた薩摩藩主・島津《しまづ》斉彬《なりあきら》が大隅地域を視察したときに側近の八田《はった》知紀《とものり》に命じて和気公の遺跡調査を行わせたことに由来する。和気清麻呂の配流地が、その調査によって確定され、神社創建の地ならしとなった。実際上は昭和十四年（一九三九）に和気清麻呂公精忠《せいちゅう》顕彰会が設立され、昭和十七年（一九四二）に県社《けんしゃ》として創立許可が下りた。翌十八年起工、昭和二十一年三月に完成した。

京都には護王《ごおう》神社（京都府京都市上京《かみぎょう》区《く》烏丸《からすま》通《どおり》下長者町《しもちょうじゃまち》下《さが》ル）がある。祭神は和気清麻呂と姉の広虫《ひろむし》。京都府の旧別格官幣社《かんぺいしゃ》である。これは時代の下った嘉永《かえい》四年（一八五一）、孝明《こうめい》天皇が和気清麻呂の功績を讃えて「護王大明神」の神号を贈ったことに由来し、明治七年、神護寺《じんごじ》境内の和気清麻呂廟を護王神社と改称し、別格官幣社に列した。明治十九年、明治天皇の勅命により、神護寺境内から京都御所 蛤《はまぐり》御門《ごもん》前に遷座《せんざ》した。もう一つの和気神社は和気清麻呂の出身地、岡山県和気《わけ》郡和気《わけ》町にあって、これは和気氏一族を祀る氏神である。

和気清麻呂像は東京の竹橋（大手壕《おおてぼり》緑地内、平川門から気象庁の間）にある。

## もうシナから学ぶものはないと建言した菅原道真

通説では費用が膨大で航海には危険が多すぎるから遣唐使は中止されたのだという。もしシナの文化が開明的・進歩的でおおいに日本が学ぶ必要性があれば、そんな理由で取りやめるはずがないだろう。

遣隋使・遣唐使は二百八十四年間に十八回派遣され、菅原道真《すがわらみちざね》の建言でようやく沙汰止みになった。

本当の理由は「シナから学ぶことはもう残っていない」からだった。

第一次遣隋使は西暦六〇〇年。以後計三回派遣され、六一四年の派遣で随が滅亡したことを知る。遣唐使派遣は六三〇年。以後、八三八年までに十五回派遣された。最後の派遣から五十六年後の八九四年に新たな派遣の方針が固まったが菅原道真が中止を建言し、遣唐使も終わる。すなわち中国大陸との交流は途絶えた。

唐風が日本を蔽《おお》った挙げ句に、やがて和歌の台頭があり、国風文化が尊ばれて漢詩が教養人というステイタスが稀釈《きしやく》された。およそ三百年の唐風は日本から消えた。ということは戦後久しきアメリカ風が消え去るには三百年はかかるのかも知れない。

日本文化を尊重し唐風を排撃した英傑は菅原道真である。

筆者が小、中学生の頃、学生服着用だったが、学生服は必ず「菅公《かんこう》」か「楠公《なんこう》」ブランドだった。菅公（菅原道真公《すがわらみちざね》）は学問の神様、楠公（楠木正成公《くすのきまさしげ》）は日本武士道の象徴。それほど親しまれた。楠公像は皇居前広場にあり、神戸へ行けば湊川《みなとがわ》神社に祀《まつ》られている。

菅原道真を祭る神社と言えば、京都の北野天満宮《きたのてんまんぐう》だけではない。天神《てんじん》という地名も、天満宮も日本中にある。筆者の住む街のなかにも北野神社があり、受験シーズンとなると境内に合格祈願の絵馬が溢れだす。全国に天満宮は無数。総本山は京都洛北《らくほく》にある。それほど尊敬を集めている歴史上の英雄であるのに、菅原道真の人となり、その作品を知る人は、いまやそれほど多くはない。

道真は第一に文章の達人であった。

漢詩をこよなく愛し、詩作する一方で、和歌にも大きな足跡を残した。漢詩と和歌の天才というのは、唐風にあきたらず和風に力点を置いてバランスを取ったという意味だけではない。しかし道真は和歌の天才歌人として、現代に伝えられているが、漢詩も多く残したという側面を知らない人が多い。

当時の日本の文化、芸術、言語的環境は、唐風に染まっていた。いまの日本で言えばグローバリズムに染まったような他律的な精神環境があった。だが道真は唐語と日本語の達人であった。バイリンガルである。考えてみれば、福沢諭吉も夏目漱石も英語の達人であり、日本語で深みのある文章を綴った。森鴎外はドイツ語の達人だったように。

古事記、日本書紀は漢字で書かれているが、古事記

菅原道真公（北野天満宮）

北野天満宮本殿および後門（画面左方）

は大和言葉を、漢字を借用して綴《つづ》っているのに対して、日本書紀は最初から漢文、中国語である。ひらかな、カタカナの発明は道真の後の時代である。

松本徹氏の『六道往還記、天神の道・菅原道真』（鼎書房）はこう書く。

「この時代、公の文書はあくまで漢文であり、政務を公事たらしめる要の役割を担っていた。漢字という異国の文字を綴って文章とすることが、この国の政治的体制を築き、定め、かつ、動かすことに直結していた」

変化が起きた。日本文化、文学の変容だった。

「宇多《うだ》天皇の関心は、漢詩から離れることはなかったが、唐風一色の朝廷の在り方に飽きたらぬものを覚え、かつ、後宮の女たちの好みの変化をうけて、この国土に根差した、より自らの感覚に添った催しや歌に関心を向けるようになっていた。それに対して道真は、讃岐での日々における自らの『詩興』の変化を自覚して、その展開を考えながら、適確に応じて行ったと、捉えてよかろう」

そして遣唐使廃止の建言に至る心境、芸域の変化を次のように松本徹氏はまとめた。前提として宮廷の文化的感覚の変化、服装、装飾から絵巻ものに至るまで、角張ったものをさけ、きつい色彩を遠ざけ、「なよやかな優美さを追求するようになっていた」。

ゆえに、「このような変化を公式に、きちんと認めるのに、遣唐使の廃止決定ほど相応《ふさわ》しいものはなかったろう。（中略）これは或る意味では、道真自身が拠って立つところを、自ら掘り崩す方向へ時代を導くことでもあったのも確かであった」。

道真の失脚は、遣唐使廃止が原因ではなかった。

あまりに顕然《けんぜん》と出世しすぎたことが、ライバル達の嫉妬を倍加させ、加速させ、讒言《ざんげん》を呼び込んだ。

太宰府天満宮・本殿

令和日本の現代。太宰府にある天満宮は参道に人が溢れるが、驚くことに多くが中国人ツアーだった（コロナ禍前まで）。遣唐使を廃止した日本の英雄を、なぜ中国人が拝みに来るのか訝《いぶか》しい現象だ。まして日本の神道の意味もわからずに、名所だから立ち寄って、要するに土産を買うのが目的である。

太宰府政庁跡《せいちょうあと》にも観光客が溢れだした。観光コースから外れた場所であり、跡地があるだけで、日頃は訪れる人が少ない、というよりいない。政庁跡地という看板と、柱の跡くらいしか残っていないからである（ただし菅原道真は太宰府に「左遷」され、蟄居《ちっきょ》を命じられていたため政庁にも通ってはいない)。

道真の生涯は志操《しそう》で一貫した。

幼きときから文章の才能を見出され、天皇の側近として政治にかかわりながらも、俗世の出世、嫉妬、派閥争いには恬淡《てんたん》として距離を置き、だからこそ疎《うと》まれ、嫉妬され、讒言された。ところが道真は百年後には神となり、天皇が御親拝された。

## 「承久の乱」は後鳥羽上皇の反幕府運動?

「鎌倉幕府の興廃《こうはい》、この一戦にあり」と言われたのが「承久の乱《じょうきゅうのらん》」(一二二一年)である。

結局、後鳥羽《ごとば》上皇側についた朝廷軍は武運つたなく敗れ、後鳥羽は隠岐《おき》へ流されて決着した。従来は「後鳥羽上皇の無謀な鎌倉幕府への反抗」という見方がなされてきた。

坂井孝一氏の『承久の乱 真の武者の世を告げる大乱』(中公新書)は乱の本質を語る。幕府打倒ではなく、源実朝《さねとも》暗殺以後の執権《しっけん》北条義時《よしとき》を討つために朝廷側が兵を挙げ、返り討ちにあった。後鳥羽上皇を含む三名の上皇が配流され、以後、京には六波羅探題《ろくはらたんだい》が置かれる。

承久の乱以前、後鳥羽上皇の治世は三十年に及んだ。和歌をこよなく愛した文化人でもある。その上皇がいったい何故に、執権北条義時に歯向かったのか? 後鳥羽上皇は、何を求めたのか？

保田與重郎《やすだよじゅうろう》は『後鳥羽院』（昭和十四年初版、思潮社）のなかで、後鳥羽上皇を歌人として評価し、次のように述べた。

「一つの久しい祈念を訴へるのである。それは我らの父祖の云ひつぎ語りつたへてきた誓ひであつた。久しい間、日本の詩人の心の奥に燃えつづけてきたもののけだかさに、著者は真の日本を思ふのである」

後鳥羽上皇

「真に日本的」なるもの。三島由紀夫は最期の檄文《げきぶん》で「真の日本に戻そう」と訴えた。後鳥羽上皇の蹶起《けつき》、その意味とは何か。坂井氏はこう分析した。

「後鳥羽が最も強く意識したのは、正統な王たることであった。『践祚《せんそ》』して天皇すなわち公式な王になったものの、正統性を保障する三種の神器は平家が持ち去った後であった。平家滅亡後、神鏡、神璽《しんじ》は戻ったが、宝剣は壇ノ浦の海底に沈んでしまった。正統な王たるには重大な欠格事由である。長ずるに従ってこれを強烈に意識するようになった後鳥羽は、正統な王とは何か、その答えを追い求める」（坂井前掲書）。

上皇となって自由を獲得した後鳥羽は伊勢、石清水《いわしみず》、加茂三社などへの御幸《みゆき》を頻繁《ひんぱん》に行い、熊野詣《くまのもう》では三回、蹴鞠《けまり》も闘鶏《とうけい》も愉しまれ、和歌にのめり込むようになられる。

後鳥羽二十六歳のとき新古今集が完成した。

新古今の編纂がなったのは、『古今集』（九〇五年）からちょうど三百年の節目でもあった。

承久の乱以後、院政の性格が変わり、武家のまつりごとが定着した。

乱が幕府への叛乱、倒幕という解釈は十四世紀まで歴史文献には叙述されていない。

後鳥羽上皇の無謀な倒幕の企《くわだ》てという後世の解釈は、後醍醐《ごだいご》天皇の建武《けんむ》の中興《ちゅうこう》（一三三三年）以後の後智恵によったものだ。

後醍醐天皇も同じく隠岐へ流されたために、承久の乱の位置づけが連想的に変更されたからであろう。

## 楠木正成「英雄伝説」は水戸光圀公によるフェイク？

水戸光圀《みとみつくに》公は西山荘《せいざんそう》に隠居してからも『大日本史』の編纂《へんさん》作業に没頭していた。

光圀公は、旅する機会はほとんどなく、せいぜいが江戸へ出向いた程度だった。テレビの「水戸黄門漫遊記」なるは後世の出鱈目《でたらめ》なストーリーが展開する娯楽番組である。

その光圀が楠《くすの》木《き》正成《まさしげ》を、歴史の英雄として唐突に顕彰《けんしょう》し始めた。水戸学は維新の策源地であり、皇国《こうこく》史《し》観《かん》の震源地、その骨格は南朝史観である。

『大日本史』の編纂に着手したのは明暦《めいれき》三年（一六五七）。楠木正成が湊川《みなとがわ》で戦死したのは建《けん》武《む》三年（一三三六）だから、死からじつに三百二十一年もの歳月を閲《けみ》していた。

寛文《かんぶん》四年（一六六四）に貝原益軒《かいばらえきけん》が墓所に詣でている。有名人の最初の参詣《さんけい》である。元禄《げんろく》元年（一六八八）、芭蕉が墓所に参詣し、

水戸・千波湖畔の水戸光圀像

楠木正成公（横山大観・画。湊川神社境内にあるレプリカ）

湊川神社・楠公墓碑（嗚呼忠臣楠子之墓）

なでしこに　かかる涙や　楠《くす》の露《つゆ》

と詠んだ。

元禄五年に光圀は家臣の佐々《さっさ》宗淳《むねきよ》（助さん）を湊川に派遣し、墓所の工事を指導させる。石碑の完成は元禄八年（一六九三）だった。

評判は全国に拡がり、寛政《かんせい》九年（一七九七）に頼山陽《らいさんよう》が墓参し、漢詩を捧げた。文政《ぶんせい》九年（一八二六）にはシーボルトも墓参するほどだから、もはや楠木正成英雄伝は津々浦々《つつうらうら》にまで拡大していたことを意味する。

なぜ？

光圀が見出したのは尊王《そんのう》の精神であり、日本書紀を熟読して得た結論は、武士は天皇の臣下であるという大原則だったからだ。

そして、幕末、吉田松陰《よしだしょういん》は嘉永《かえい》四年（一八五一）に初めて墓参し、その後三回も墓参を繰り返している。文久《ぶんきゅう》三年（一八六三）には勝海舟と坂本龍馬が、以後、墓参は志士たちの「義務」のようになって、高杉晋作、真木和泉守《まきいずみのかみ》、西郷隆盛、伊藤博文、木戸孝允《きどたかよし》、大久保利通、三条実美《さんじょうさねとみ》と続いた。

明治元年、明治天皇によって公墓の敷地に神社創建が沙汰され、現在の壮大な湊川神社のお社《やしろ》は明治五年に完成した。

光圀が「嗚呼《ああ》忠臣楠子《なんし》之墓」と記した石碑は、湊川神社の入り口の大鳥居を越えて右側にある。蝋燭《ろうそく》の火と参詣に来る人々が絶えない。

神戸駅の前に位置する湊川神社だが、高層ビルに隠れて駅からは見えない。一つだけ路地を越えた正面に緑の公園風の神社がある。しかし最近は楠木正成の墓参ではなく、初詣《はつもうで》、七五三、合格祈願、安産祈願、交通安全などの参拝がほとんどである。

神宮の左奥が「戦死場所」で、細長い石碑（大楠公《だいなんこう》戦没地）が建っているが、ここまで訪れる人は稀《まれ》である。

英雄伝説はこうして生まれ、現代日本では風化したのである。

## 忘れられた「美貌の花将軍」北畠顕家

北畠顕家《きたばたけあきいえ》は「花将軍」と言われた。美貌の持ち主とも伝わるのは英雄伝説の一つだろう。

大阪にある阿倍野《あべの》神社は北畠親房《ちかふさ》、顕家親子を祭神としており、境内には顕家の大きな銅像がある。歩いて十五分くらいの場所には北畠公園、その中に墓があり、地名も「北畠」

北畠顕家像（阿倍野神社境内）

阿倍野神社・拝殿

だ。それほど親しまれている存在だが、現代日本人で北畠親子の活躍を詳しく知る人は稀《まれ》ではないか。

　三十三年前に『歴史読本』誌から依頼を受けて筆者は北畠顕家論を書いたことを思い出した（「北畠顕家―奥州軍団の総帥」『歴史読本』一九八七年九月号）。書庫で当該雑誌を探したが見つからない。しかしこのときの取材で堺の石《いし》津川《づがわ》の小さな橋のたもとにあった顕家の戦死場所の碑を見つけた想い出がある。

　後醍醐《ごだいご》天皇を支えた両輪は新田義貞《にったよしさだ》と北畠顕家である。巷間もっとも有名な存在となった楠木正成《くすのきまさしげ》は、地方豪族の一人で、じつは脇役でしかない。軍の戦略決定には参加できなかった。ところが楠木正成が、まるで主役のように飛躍した評価を受けるのは、江戸中期に水戸光圀が再発見し、皇国史観を形成していく過程で過大な評価をなしたからだ。
とくに高く持ち上げられたのは明治時代になってからだ。そういう時代の流れ、趨勢《すうせい》の変化による。

後醍醐天皇の側近、北畠親房の長男として朝廷に仕えた顕家は弱冠十二歳で参議という重役に抜擢《ばってき》され、奥州征伐の将軍に任命される。義良《のりなが》親王（のちの後村上《ごむらかみ》天皇）とともに赴任した。足利尊氏《あしかがたかうじ》の叛乱がおこるや京に戻り、新田義貞、楠木正成らとともに戦って、足利軍を九州に追いやった。

北畠顕家の墓（北畠公園内）

北畠顕家は『神皇正統記《じんのうしょうとうき》』で南朝の正統性を唱えた親房の長男ゆえに「貴族の星」であり、武将の棟梁《とうりょう》・新田義貞とならんだ。

顕家がはたちのおり、再び足利が東で兵を挙げたため、軍勢を整えて再出馬するが、新田との連携がうまく行かず敗退する。暦応《りゃくおう》元年（一三三八）年に堺・石津の戦場で足利軍に囲まれ戦死。

新田義貞にとっては鎌倉幕府に止《とど》めを刺した功

績もあり、あくまでも武将として、足利尊氏と武家の主導権確保の覇《は》を競うのが眼目だった。

貴族の星だった北畠顕家からみれば、新田義貞とは政治思想上の距離がある。気位《きぐらい》も違うから二人の関係はしっくりいかず、比叡山の麓《ふもと》・坂本での軍議でも、意見は食い違ったとされる。

顕家は奥州平定の陸奥鎮守府《むつちんじゅふ》大将軍、従二位《じゅにい》中納言。没後に従一位《じゅいちい》、右大臣に追号《ついごう》された。北畠親子を祀った阿倍野神社の建立は明治八年になってからである。それまでは忘れられた存在だった。

重要なのは北畠顕家が戦死する七日前に後醍醐天皇に諫言《かんげん》をこめて仕上げた上奏文だ。建武の中興の失敗点を七つあげて、減税、地方分権、公平な人事と恩賞、贅沢禁止、佞《ねい》臣《しん》（心の不正な臣下）の排除などを切実に訴えたのだ。

北畠顕家をモデルにした小説は『破軍の星』（北方謙三）などがある。

## 歴史の闇から甦った「風雅の帝」光厳天皇

北朝《ほくちょう》のことを論じる人が少ない。現代日本人から完全に忘れ去られた天皇がいる。皇国史観の残滓《ざんし》がこのことに象徴される。

北朝一代は光厳《こうごん》天皇である。

その寂寥と哀切を叙した作品は松本徹氏の名作、『風雅の帝　光厳』（鳥影社）である。歴史の寂しさ、絶望、生きとし生けるものの冷酷さと残酷さ。そして全編に漂う容易ならざる虚無。これが日本人の情感なのだ。

世に『風雅《ふうが》和歌集』を残した教養人、歴史に翻弄され、運命に超然として和歌と禅にかけたミカド、光厳天皇。

北畠親房『神皇正統記《じんのうしょうとうき》』によって固められ、後醍醐天皇の建武の中興が是とされた南朝史観により、歴史から抹殺されてしまった悲劇の帝である。

『太平記』は儒教的道義と秩序に仏教的諦念《ていねん》が交錯し、乱に斃《たお》れた人々への鎮魂歌《ちんこんか》にもなっているが、この『太平記』においても光厳天皇に関する記述は少ない。そして北朝五代は皇統譜から削除され、後醍醐と尊氏と正成の物語は人口に膾《かい》炙《しゃ》したが、この物語の主人公である光厳帝はほとんど語られることがなかった。比較的公平

光厳天皇（常照皇寺蔵）

後醍醐天皇像（清浄光寺蔵）

に書かれた『太平記』とて歴史好きの教養人以外は誰も読まなくなった。驚くべし、日本人の歴史意識の変貌ぶり。

飲み屋街から流しのギターが消える遙《はる》か以前、トーキーの時代にすでに「太平記読み」（講釈師）は消えていた。辻々に立って独特の調子にのせて語られた太平記の名文の数々は軍歌などに活かされた。たとえば「散兵線の花と散れ／花は吉野に嵐吹く／軍旗守るもののふ」（「歩兵の本領」）などは『太平記』の借用である。

あの時代は遠く彼方へ去った。

ときは中世。高師直《こうのもろなお》、佐々木道誉《どうよ》などの婆娑羅《ばさら》大名が輩出し、世は騒擾《そうじょう》につぐ騒擾に乱れ、戦乱に明け暮れ、騒然とした世情だった。だからこそ乱世の英雄は、予期せぬ方面から出現する。

「持明院統と大覚寺統に分かれて皇位を争った末、武士たちがそれぞれの天皇を担いで入り乱れて戦いを繰り広げた」と松本徹氏は書き出す。

後醍醐が約束を違えて退《しりぞ》かず、武士と公家は大覚寺統《だいかくじとう》（南朝）と持明院統《じみょういんとう》（北朝）の二派に分かれ、大覚寺統に足利が反旗を翻《ひるが》えして、後醍醐は隠岐《おき》へ流された。やがて名和氏《なわ》ら豪族の協力により隠岐から脱出に成功して京へ捲土重来《けんどちょうらい》するも、束の間の権力のあと、またもや吉野に逃れる。歴史の客観的事実からみれば、もう一方の主役が光厳帝《こうごんてい》である。

松本徹氏は残った文献と歌から光厳院の足跡を追う浪漫の旅にでた。京都の奥路地を分け入ったところに石碑がある。

「持明院仙洞御所《せんとうごしょ》跡」

光厳帝の事績を精密に追跡する旅は、京都のこの石碑の発見から始まる。「いまから七百年ほど前、正和《しょうわ》二年（一三一三）七月九日に誕生したひとりの皇子が、持明院統一門の慈愛を一身に受けて育った。父は後伏見院、母は広義門院寧子で、父の弟花園院もやがて加わって、皇族としては珍しい団結に恵まれた」。この皇子が、治天《ちてん》の君《きみ》と言われた光厳天皇である。

光厳帝は後醍醐天皇と対峙し、足利尊氏に持ち上げられ、裏切られ、つまりは武士と公家集団の右顧左眄《うこさべん》する政治によって利用され操られ、しかし帝は自らの強い意思をもって虚無のなかにしぶとく生きて和歌を詠まれた。

帝が育ち、もまれ、逃避行の先から、拉致《らち》同然に連れて行かれた六波羅《ろくはら》、伊吹山、吉野と、光厳院の人生の旅路を克明に追尾の旅を続ける。そして帝の残した歌を、その土地の雰囲気と、かすかに残る遺物から、この土地でこの歌を詠まれたに違いない、そのときの心境はかくなるものではなかったのかと松本徹氏は推量し、光厳の世を懐かしむ。

光厳院は賀名生《あのう》という草深き山に拉致されて二年近い隠棲《いんせい》を余儀なくされた。やがて、光厳帝は吉野にとらわれの身から政治状況の激変によって京にもどり自由の身となられるが、朝廷への参与には一切の関心を抱かず、ひたすら禅に邁進《まいしん》した。鎌倉末期より日本の仏教は宋から輸入された禅を独自に発展させていた時代だった。

光厳院の解脱《げだつ》の心境はかくありなんと類推する松本氏の筆は次のように進む。

「いまの自分は、言ってみれば、この世に深く穿たれた虚無の空洞そのもの、と思われたろう。全天地が――天皇なり治天の君として統べた全天地が、時間もろともその空洞に崩れ落ち、呑み込まれてしまった。それも、壮大な劇的事件としてではなく、一身の安全を策した尊氏らの姑息な裏切りと、忘恩の徒どもの愚かな手抜かりと、自らの見通しの甘さ、長すぎた不在によって……。

ようやく京へ戻って来たらきたで、こういう苦しみを受けてなくてはならないのだ。そうしていまここで目にするすべてが、ひどく遠い。虚無の空洞の底から覗き見ているようなものであった。かって花や鳥や雲や山々を眺めていると、そちら側からこちら側へと近づいてきたし、それに応じて心を動かす己が存在が立ち現れて来て、言葉が紡ぎ出された。しかし、もはやそのようなことは起こらない。『万葉集』を読み返しても、己が歌を見返しても、空洞へ石を投げこむのに等しい」

松本徹氏は旅の最後に光厳院の御陵前に立った。

「歌を拾い拾いして、声を出して読んだ。経を読むことを知らぬわたしにできる、供養のつもりだった。そうして読んでいくと、光厳院が、間違いなく時代を超えた若々しい感性に恵まれた歌人であり、かつ、過酷すぎる時代のただ中を、自らの内向性を手放さず、誠実に生き通した恐るべき帝であったと、身にしみて思い知る」のだった。

「風雅の帝」は七百年を閲《けみ》して、枯れ葉に埋もれていた歴史の闇《やみ》から蘇った。

## 石平流解釈によれば「秀吉はシナ人的」である

日本の武士道は源 義経《みなもとのよしつね》を源流に、北条時宗《ほうじょうときむね》が完成させ、楠木正成《くすのきまさしげ》で「大義」を得た。また大東亜戦争は日本国民全員が武士であることを求められ、また一億国民は武士の心構えを抱いた。

武士道精神がどうやって我が国のスピリットの中核となり日本人のＤＮＡとなったか。源義経、楠木正成、西郷隆盛、乃木希典《のぎまれすけ》、そして三島由紀夫へ至る精神史をたどり、「わが子がこの時代の日本に生まれてきて、ひとりの日本人として生きていくのであれば、素晴らしい先人らの教育を、わが子にも教えなければならない」（石平『わが子に教えたい日本

武士道を完成させた北条時宗

の心』ＰＨＰ）。

武士道には様々な解釈がある。

江戸時代に二百数十の藩が存在し、その多くは藩校を開いたが、それらの規則などを見ると、二百数十通りの武士道があった。佐賀鍋島《なべしま》藩の山本常朝《つねとも》が『葉隠《はがくれ》』で説いた武士道は「死ぬることと見つけたり」であり、水戸藩のそれは南朝史観であり、吉田松陰《しょういん》と通底した哲学があった。大塩平八郎は陽明学《ようめいがく》の徒、三島由紀夫が尊敬してやまなかった。

新渡戸稲造《にとべいなぞう》の武士道は基督《キリスト》教的なコモンセンスを説いたもので、鍋島武士道とはかなり哲学的に異なる。したがって石平氏の解釈する武士道も多彩な武士道解題のひとつ。武士道の源流を源義経におく。最初からユニークである。

石平氏は中国人として日本に留学してから四半世紀を過ごしてきたが、初の来日時、日本の書店に『論語』が並んでいたのに驚いたという。

石平氏は数年前に日本国籍を取得し、いまや保守論壇に独自の地位を占めて大活躍の最中だが、留学後の日本の武士道との出会いを、必然的に中国の歴史と比較し、しかも、その視点から新しく解釈しなおすと、たとえば信長の合理主義は「西洋化」、秀吉は「シナ人」となる。

西郷とならべて大久保利通《としみち》を評価し、また従来、陽の当たらない場所にいた武市瑞山《たけちずいざん》（半平太《はんぺいた》）と土佐勤王党《きんのうとう》の役割を見直し、武市を、ことのほか文武両道の達人と評価するあたりも従来の保守の視点に囚われない新鮮さが滲み出ている。

石平流の武士道とは「死ぬ覚悟で戦う」という精神を抱きつつ「不器用な、世渡り下手の、純情にして愚直」。そして「自己保身に不器用な人間」ということになるわけだが、「個人としての武士自身の敗北と破滅を運命としているような悲劇的性格をもつものである。かの義経がまさに悲劇的な人物として破滅を迎えたように、命を捨てることを辞さない武士たちは（中略）人生の敗北者になっていくしかない。それはまた、武士の悲しみ

報国寺の豊臣秀吉像

というものだろう」という。

北条時宗は「救国の英雄」だが、「彼の出現をもって、『日本武士』の本格的誕生」とすべきであると石平氏は提案する。「中国伝来の禅と儒学の精神によって心を鍛えられた名執権の時頼《ときより》と時宗の親子二代において、日本の武士道精神の源流」、そして楠木正成にも禅の門徒としての死生観を見いだす。すなわち正成の登場と勤王の精神とで「つまり正成の生と死によって、日本の武士道精神は『大義』というものを得た」。それが「歴史的意義」だとする。

他方、織田信長は合理主義。忠義とか美意識とか、「日本の武士の観念と心情はまったく無用の長物であり、あるいは目的達成の邪魔でさえあろう。武士のリーダーであったはずの信長の精神は、まさに武士道たるものとの対極にある」とし、「信長の死とそれに伴う日本の『西洋化』の頓挫《とんざ》は、日本の武士道精神の伝統の保持にとってじつに意味重大である」と裁断している。

「(秀吉は)人情の機微に明るく、人の心を読む術に長けていて、おまけに陽気な性格で口が達者だから、人を口説いて籠絡するのはもっとも得意である」けれども、このタイプの人間は「中国国内では、商談や宴会の場へ行けば、必ずや一人か二人、日本の秀吉を彷彿させるような人物に出会える」(石平前掲書)。秀吉は「シナ人」だと痛快な断言、この表現は凄い。

# 元寇による対馬・壱岐住民虐殺は黙殺

元《げん》のフビライ・カーンは李氏《りし》朝鮮に命じ、九百艘の船艇をつくらせ、十万の大軍を日本侵略のために派兵した。「元寇《げんこう》」である（一二七四年・文永《ぶんえい》の役《えき》。一二八一年・弘安《こうあん》の役）。

対馬《つしま》にはそのうちの四万が上陸し、多くの対馬島民が虐殺された。その後、秀吉の朝鮮征伐があって、対馬は一転して「朝鮮通信使」の拠点となった。この朝鮮通信使の対馬における居館は「以酊庵《いていあん》」（事実上の大使館）で、いまは西山寺の庭に痕跡をとどめている。

元寇の古戦場（小茂田浜《こもだはま》）まで行くには厳原《いづはら》からバスが一日三本しかない。これを見たら日が暮れる。厳原から三十キロちかい。なるほど対馬観光はレンタカーが発達しているはずである。佐渡、奄美大島のつぎに大きな島ゆえにコロナ以前まで韓国から直接フェリーがやってくる。街の看板が日本語とハングルだ。

古戦場は船着き場とコンクリートを打ち込んだ海岸線に往時をかすかに偲《しの》べるが、実際の戦闘はもう少し山側で行われた。筆者は小茂田浜神社まで歩いた。元寇の絵画は数点しか飾っておらず、古戦場跡などといっても、対馬の宗《そう》氏八十騎で四万の蒙古《もうこ》軍に応戦したわけで惨敗は明らか、歴史は砂浜に埋もれた。

厳原は旧城下町だから武家屋敷跡やら、藩校の門の跡。民族資料館には対馬貂《テン》、対馬鹿《じか》

対馬の元寇・古戦場。現在は海水浴客でにぎわう小茂田浜海浜公園

などめずらしい動物の剝製も並んでいた。島はよく霧がかかり、波のように山が連なる。水墨画にしてもなかなかの風情がある。まさに中国的地政学の世界である。山のあいだの畑、田圃では麦を栽培していてＪＡが繁盛している。ほかに目に付くのは過疎化、小子化が加速しているのに、規模だけは大きな小・中学校群だった。

もうひとつの元寇の被害地は壱岐《いき》である。この島にも古戦場跡があり、また秀吉の朝鮮征伐の拠点となった城跡がある。

郷ノ浦《ごうのうら》港は意外に観光客が多い。船から吐き出された観光客を地元のレンタカー、民宿が勧誘に来ている。フェリーのターミナルも立派である。

タクシーを雇い、ざっと全島を一周して元寇遺跡に絞り込んだ。

勝本《かつもと》漁港へついた。古い映画に出てくるような、ひらべったい家屋の密集する港町だが、由緒ある神社や祠《ほこら》も密集し、運転手の説明では後年の朝鮮通信使一行が最初に上陸したのもこの地であるという。この周辺には勝本城跡がある。急坂《きゅうはん》な石垣跡を登った。勃然《ぼつぜん》として風がおこり、緑の木々が揺れ、古色蒼然として、城砦《じょうさい》の石垣の一部が残っていて時代を感じさせる。これが朝鮮出兵時の秀吉の前衛拠点である。岸辺にも「弘安の役」の戦跡があり、石碑が一つ、ふたつ。

こぢんまりと公園になっているのは壱岐神社。ここには護国神社を兼ねて、戦後に忠霊《ちゅうれい》塔《とう》が建立《こんりゅう》された。

元寇で壱岐の島民の大半が虐殺された。しかし元寇そのものの展示がない。対馬も同じ。佐賀県呼子《よぶこ》の名護屋《なごや》城跡にいたっては展示が「反戦史観」で、不愉快になる（これでは元寇という中国・朝鮮の日本侵略の史実はねじ曲げられるではないか）。

それにしても壱岐は対馬同様に内外からの観光客で俗化され、元寇の跡は少なく、地元からも打ち捨てられ、日本の自虐史観の横溢《おういつ》という状態だった。こんなことで良いのだろうか？

## 元寇の宋軍は日本に亡命するつもりだった

襲来した日本侵略軍のうち、宋王朝の残党組には別の目的があった。

佐賀県の唐津《からつ》は、いうまでもなく「唐の港」という意味だが、その南にある多久《たく》には日本で最大規模の孔子廟《こうしびょう》がある。孔子廟は東京の湯島にも長崎にも横浜中華街にもあるが、多久のそれは宏大である。唐はそれほど近かった。だから秀吉の朝鮮出兵も出撃拠点は佐賀の名護屋《なごや》だった。

服部英雄氏の『蒙古襲来』(山川出版社)に拠《よ》れば蒙古襲来以前から中国ならびに朝鮮人が日本国内に暮らしており、商い、とりわけ貿易に従事していた。かれらは戦争を望んでおらず、実際に蒙古襲来前後も貿易は通常通り行われていた。

なぜ蒙古はやってきたのか。高麗《こうらい》が嗾《けしか》けて先兵《せんぺい》となったのは事実だが、南宋の旧臣たちによる江南《こうなん》軍が大量動員されたのは、宋王朝の残党を、この戦争に駆り出して弱体化させるという隠れた目的がフビライ側にあった。毛沢東《もうたくとう》が敵対する派閥や国民党の残党を意図的に朝鮮戦争で前線に配置させたように。

「使い捨てられる」ことが分かっていたから、服従を装いながら、じつは宋兵の大半が農民で日本への移住を計画していたフシがある。

服部氏は日本侵略の目的を日本の火山帯が生産する硫黄《いおう》にあるとして、弾薬、火薬の軍事力に欠かせない原料を確保するためであり、太宰府《だざいふ》を占領し、硫黄の利権をおさえることにあったとする新説を唱えた。

日本に朝貢をもとめた華夷秩序《かいちつじょ》という中国側の戦略を後景に退け、服部氏が着目したのは『八幡愚童訓《はちまんぐどうくん》』だ。この作者不詳の霊験説話は後世の作品だが、神風がふき、神風の天意で日本が勝ったと言い出した書物であり、多くの歴史家がこの神社系の宣伝に引っかかったとする。

服部氏が重視するのはむしろ『高麗史』である。この歴史書も信頼に値しない後世の作文（蒙古襲来から半世紀後に編まれ、中国の「正史」なみの改竄が多いのだが）であるにもかかわらず、同書のなかに幾ばくかの真実が述べられているとする。

元軍船が発見された鷹島東部沖合は鷹島神崎遺跡として国の史跡に指定された

上陸地点は博多のとなり、箱崎だった。蒙古軍の攻撃基地となったのは志賀島《しかのしま》であり、あとから合流するべく江南軍（つまり南宋軍）がやってきたのは志賀島のはるか西、唐津よりも西の松浦・鷹島《たかしま》だった。

対馬は日本と高麗（を通じて中国）に二重に朝貢していたので、激しい戦闘は対馬ではなく、高麗主体の蒙古軍は対馬と壱岐で食料を調達し、運送拠点としていたという。

「フビライは高麗に引き続き、日本を服属させる必要があった。主たる要因は火薬の材料たる硫黄の確保にあった」ために、まず戦略的に「海堡《かいほう》（太宰府警固所）を確保し、制圧する」。そこで武器と年貢米を押収し、つづいて大規模な援軍を送り、雲仙、阿蘇、別府の硫黄を押える手はずだったという。

「それ以外にも富をもたらす金、水銀、真珠、米を生産する国・ジーベン、ジパングを自らの意になる国にすると(フビライは)考え続けた」

したがって合流予定の江南軍が遅参したという従来の学説も怪しく、最初から江南軍は増派、別働隊だという解釈である。

鷹島沖にて海底に沈んだ蒙古船が近年引き上げられた。驚くべし、ほとんどが商船を軍船に転用したもので、「木材に打たれた無数の釘から修理をかさねた老朽船であった」ことが判明した。

この事実から推量できることは、江南軍は日本への亡命希望組ではなかったのか。

## 善政を行なった足利義満はなぜ嫌われる

金閣寺の造営でも知られる足利幕府三代将軍・義満《よしみつ》は滅法《めっぽう》評判が悪い。

とくに皇国史観華やかなりし時代には売国奴とまで罵《ののし》られた。

第一に皇位簒奪《さんだつ》を狙った野心家だという風説が悪魔であるかのような評価をもたらした。

第二にシナに迎合して「日本国王」などとへりくだって貿易を展開した金の亡者というイメージ。足利義満は不敬だというわけである。

皇位簒奪の野心があったとする一部の歴史学者がいるが、いかなる証拠文書もでていないし、「日本国王」の称号は国内では使用していない。あくまで便宜的な称号使用である。つまり悪評の根幹は後世の智恵による裁断である。

足利義満の実績はと言えば、第一に六十年にも及んだ南北朝の分裂状態に終止符を打ち、南朝を北朝が包摂《ほうせつ》するかたちで三種の神器を譲り受けたこと。国家分裂状態を終わらせたという功績がある。

第二に勘合《かんごう》貿易により経済を発展させる傍《かたわ》ら倭寇を駆逐した事実がある。東シナ海から

足利義満

鹿苑寺金閣（舎利殿）

渤海《ぼっかい》湾、南シナ海まで荒らし回った倭寇は「倭」を名乗るシナ人と朝鮮人の海賊だった。

第三に「北山文化」といわれる室町文化の頂点を築き、鹿苑寺《ろくおんじ》に金閣寺を造営したばかりか、能、狂言、連歌、わびさびの茶道を庇護し、多くの神社仏閣の建設がある。就中《なかんづく》、枯山水《かれさんすい》の竜安寺《りようあんじ》が有名だが、もっとも注目すべきは相国寺《しようこくじ》の大伽藍《だいがらん》である。当時のスカイツリーである七重《ななじゆう》大塔を建設し、京の人々の度肝《どぎも》を抜いた。相国寺七重大塔は高さが百九メートルの高層建築で、以後五百十五年間、日本でこれより高い建物はなかった（記録を破ったのは炭鉱の煙突だったが……）。

今日も残る禅寺、日本庭園、そして水墨画の興隆も特筆しておきたい。

第四に、足利幕府は信長に滅ばされるまで、じつに二百三十七年間。江戸幕府の長命に次《つ》ぐのである。これも足利義満の代に確立した基礎によるもので、義満が京の室町《むろまち》で執務したことから「室町幕府」と呼ばれ、義満の邸宅は「花の御所」と呼ばれた。

当時は幕府といっても中央集権型の政権ではなく、各地に「守護大名」があって独自の徴税や寺領の統治を行っていた。守護たちとの連立政権という性格があった。

守護職にあったのは佐竹、上杉、京極《きようごく》、斯波《しば》、富樫《とがし》、赤松、山名、細川、大内、菊池、一色、島津、土岐《とき》、今川、武田、千葉氏など。

この時代は農業の発展にも瞠目《どうもく》すべき点が見られる。酒、味噌、醤油が大量に生産され、近代産業が大型化した。とくに牛馬を用い、灌漑《かんがい》には水車が、肥料の合成から綿の栽培も行われ、農作物は二毛作が可能となった。

そのうえ手工業、商業の発達が見られ、和紙、織物、漆器、灘の酒も誕生している。商業の発展は都市を生み、堺や博多、京都で町衆が登場し、自治を行うようになり、この時代の日本は経済繁栄を謳歌し、識字率も格段に高まっていった。これらを台無しにして室町幕府を形骸化し、衰退させ、やがて滅亡にいたるのは、義満の死後である。戦争目的が曖昧《あいまい》な応仁《おうにん》の乱《らん》（一四六七〜七八）が切っ掛けとなった。

応仁の乱の発祥の地も皮肉なことに義満が建てた大伽藍の相国寺だった。

# 第三章

# 桶狭間から徳川幕府滅亡まで

比叡山の信長の焼き討ちは
山火事程度でしかなかった
のに大量虐殺と喧伝？
徳川家康、宮本武蔵、田沼意
次、大塩平八郎らの知られ
ざる一面とは……。

# 明智光秀は「謀反人」「極悪人」ではない

令和二年に放送されたNHK大河ドラマ『麒麟《きりん》がくる』で、明智光秀が大河ドラマの主人公となったのは画期的な「事件」ではないのか。

というのも、五百年近くも「主殺《しゅうごろ》し」「謀反人《むほんにん》」の極悪人と曲解され続けた光秀は、英雄とはおよそ無縁な武将と考えられてきたからだ。

徳富蘇峰《とくとみそほう》、山路愛山《やまじあいざん》、小泉三申《さんしん》という近年の歴史家も、光秀をある程度は評価しつつも、時代背景としての忠君思想から最後は主君への裏切りをした男だったとみなした。しかし戦国時代は下剋上《げこくじょう》、主殺しも頻発《ひんぱつ》したし、忠君という朱子学《しゅしがく》を基軸とする道徳的感覚は江戸幕府も三代目あたりから確立されたものでしかなかったのだ。

明智光秀像（岸和田市本徳寺所蔵）

明智光秀が貶《おとし》められる

ようになったそもそものきっかけは、豊臣秀吉が右筆《ゆうひつ》（貴人の文書記録・代筆係）たちに命じて、極悪人のように描く偽情報操作《デイスインフオメーション》を展開したからである。その結果、光秀は徹底的に誤解されるようになってしまった。

例えば「本能寺《ほんのうじ》の変」の後、山崎の戦いで秀吉に敗れ、落ちて行く先の小来栖《おぐるす》の竹藪《たけやぶ》で百姓に竹槍で殺されたという有名なエピソードも実は確かな証拠がない。おそらく創作だろう。秀吉は明智光秀の最期を可能な限り「みっともないもの」にしたかったのだ。なぜなら「主殺し」、「謀反人」の汚名を光秀に着せれば、信長政権を横から簒奪《さんだつ》した自分（秀吉）が正統を名乗れるからだ。

本能寺の変には「黒幕」がいたとする近年の歴史家たちの推量も、光秀への過小評価が原因である。おもしろ可笑《おか》しくするための推理小説風な解釈が主流となり、果てはイエズス会が黒幕だったという珍説も飛び出した。

戦後の風潮は皇国史観の否定だから、光秀の尊王《そんのう》の志《こころざし》についての考察はいずれの書物でも薄弱である。

本能寺の変は義挙だったと、筆者は『明智光秀、五百年の孤独』（徳間書店）で世に問い、また『産経新聞』（二〇二〇年八月二十三日付）にそのエッセンスを発表したところ、予想外の大きな反響があった。しかもほとんどが卑見《ひけん》に賛同してくれた。

明智光秀が織田信長を成敗《せいばい》した理由は何か。いくつかの動機が挙げられるが、現代風に言えば、信長が天皇の上に立とうとし、比叡山延暦寺《ひえいざんえんりゃくじ》の焼き討ちなどで神仏を軽んじ、当時、ヨーロッパ諸国のアジア侵略と深く関係していたキリスト教に接近する信長の悪魔的所業から日本を守ろうとしたのである。

信長は正親町《おおぎまち》天皇に退位を迫る不敬《ふけい》を働く一方、「切支丹伴天連《きりしたんバテレン》」に異常接近、勅《ちょく》を無視しての「馬揃《ぞろ》え」（軍事パレード）に宣教師を招待していた。天皇と宣教師を同列に置くというのは不敬以外の何ものでもない。

また安土城《あづちじょう》の天守は「天主」。中腹にある総見寺《そうけんじ》のご神体は信長自身だった。その狂気を諫《いさ》める必要があった。

光秀は信長への破邪顕正《はじゃけんせい》（邪《よこしま》な考えを打ち破り、正義を顕《あらわ》すこと）の志を募らせていたが、蹶起《けっき》に至る「檄文《げきぶん》」は残さず、京都・愛宕山《あたごさん》上の愛宕神社の連歌《れんが》会で詠んだ発句《ほっく》に託した。

ときはいま　天《あめ》が下《しも》しる　五月《さつき》かな

「あめがしもしる」を「雨が降って寂しい心境」などと解釈するレベルは論外である。古事記、日本書紀に頻出する「天の下」「しらしめす」とは天皇の統治を意味する。「天皇親政」をうたう『神皇正統記《じんのうしょうとうき》』（北畠親房《きたばたけちかふさ》）と『中朝事実《ちゅうちょうじじつ》』（山鹿素行《やまがそこう》）のバックボーンとなる思想を紡《つむ》ぐ言葉である。光秀はこうした教養を前提に、「しもしる」という言葉をさりげなく選んだのだ。

「ときはいま」を、明智家のルーツである土岐源氏《ときげんじ》と連結させ、土岐氏再興を図ろうとしたという説もあるが、ここは単純に「チャンスはいまだ」と解釈すれば良い。

「五月かな」は端午《たんご》の節句《せっく》、つまり尚武《しょうぶ》の精神の喚起を促《うなが》している。すなわち「いまこそ、天皇親政復興へのチャンス。尚武の精神の五月だ！」と解釈すれば、光秀がなぜ蹶起《けっき》し信長を討ったかがわかる。

招巴《じょうは》ら連歌会（連句会）の参加者は皆が一流の文化人で、光秀蹶起の決意を知った。これは残されたあと九十八の句（前掲拙著に記載）を順に読み返すと自ずと浮かび上がってくる。驚くことに近代の歴史家は古事記、日本書紀を軽視するばかりか、この光秀最後の連歌会のほかの句を検証した様子がないのだ。

だから招巴は本能寺の変の朝、いち早く現場に駆けつけて誠仁親王《さねひと》の御座所《ござしょ》を移すために牛車《ぎっしゃ》を手配するほどの手回しの良さを示した。吉田神道宗家《そうけ》の吉田兼見《かねみ》はふたつの日記を残したが、事変の後で安土へ向かう光秀を五条の橋で待ち、密談をしている。

後日、秀吉は連歌会参加者を呼び出して、共謀の可能性、本歌取《ほんかど》りの語句の真意などを詰問《きつもん》した。意外にも秀吉の教養は高いものがあった。

洛北《らくほく》の愛宕神社における連歌会は、いわば「決起集会」だった。「本能寺の変」は義挙だったとかねてから考えてきた筆者は、思い立って老骨に鞭打《むちう》ち、句が詠まれた愛宕神社に登ってみた。海抜九百二十四メートル。連歌会はそのてっぺんの社務所で、蹶起の四日前に開催された。

この場所からは京の全景が見渡せる。天下を論じるにふさわしい場所であり、光秀の居城だった亀岡城には裏街道を辿《たど》れば繋がる。

明智光秀は信長麾下《きか》の寄騎《よりき》武将として一番の出世頭だった。坂本城は五万石。秀吉より早く城持ちとなり、次の丹波攻略による亀岡城と福知山《ふくちやま》城で合計二十三万石。ちなみに秀

愛宕神社の階段

連歌会の会場となった愛宕神社社務所（当時とは場所が少し移動している）

福知山市に明智光秀を祀る御霊（ごりょう）神社がある

吉が最初に封じられた長浜城は二万石。光秀は信長を脅かす大身《たいしん》であり、巷間いわれるような左遷ではなかった。

光秀は教養人であったがゆえに信長の暴走、狂気に次第に懸念を強めていた。かつて弓削道鏡《ゆげのどうきょう》の野心を破砕した和気清麻呂《わけのきよまろ》や遣唐使派遣の中止を建言した菅原道真《すがわらみちざね》に取《と》り憑《つ》いた正気《せいき》、楠木正成《くすのきまさしげ》が尊王に迸《ほとばし》った、あの正気が光秀にも取り憑いたのである。

当時、仏教界はあげて反信長であり、それは巷《ちまた》の声であり周囲は光秀の蹶起を予知していた。

爾後《じご》の評価では黒幕説が流行したが、いずれも的外れである。信長を謀殺《ぼうさつ》しようとした秀吉が黒幕だった等は後知恵。信長と覇権《はけん》を争っていた毛利説は距離的にも問題外。足利十五代将軍義昭《よしあき》は当時すでに「過去の人」になっていて黒幕になり得ない。むろん、公卿《くぎょう》の近衛前久《このえさきひさ》や朝廷・公家の黒幕説はその日和見《ひよりみ》的、無責任体質から見ても成り立ちにくい。土岐氏再興、イエズス会陰謀は珍説の類《たぐい》であろう。

事変直後から「正しい評価」はちゃんとなされていた。

徳川家康は斎藤利三《としみつ》の娘（のちの春日局《かすがのつぼね》）や武田家臣団を大量に採用したように、旧明智軍団への差別意識がないのである。

光秀が治めた京都・福知山には光秀を神霊とする御霊《ごりょう》神社がある。創祀《そうし》は江戸時代の宝《ほう》永《えい》二年（一七〇五）である。百二十三年後だ。一方、京で信長を祀る建勲《たけいさお》神社と山形県天童《てんどう》にある信長神社は、じつに二百八十八年後の明治二年になってから初めて建立《こんりゅう》されたものである。つまり江戸時代に信長はまったく評価されていなかった。

光秀をたたえた頼山陽《らいさんよう》の歌「本能寺」をはじめ『明智軍記《あけちぐんき》』も江戸時代には人口に膾炙《かいしゃ》した。俳聖・芭蕉は光秀を偲《しの》び、次を詠んだ。

月さびよ　明智が妻の　咄《はなし》せむ

しかし明治維新後は、薩長史観をもって徳川幕府を軽視した。その結果、秀吉が過大に語られ、随伴して信長が過大評価される一方、光秀は暗く誤解されたのである。

## 桶狭間の信長勝利は奇跡だったのか

世間で言われている桶狭間《おけはざま》の戦いは、「智恵の鏡も曇る」と言われ、まともな作戦も立て

静岡駅前広場に置かれた今川義元像

られない信長が、今川勢が迫っているのに清洲《きよす》城で寝ていたという作り話から始まる。

　敵の大軍が目の前にいて安眠できるとしたらよほどの大物か、それとも莫《ば》迦《か》か。

　今川義元《よしもと》は二万五千を率いて駿府《すんぷ》城を出発し、前日は田楽狭間《でんがくはざま》で宿営した。構える織田方は僅《わず》か五千。これじゃ勝負になるまい。

　今川の前衛は織田側の出城、丸根砦《まるねとりで》に迫っていた。このとき織田側に取り囲まれていた大高《おおだか》城にいたのは徳川家康だった。家康は今川に人質として差し出され、この大高城が初陣だった。今川としては使い捨ての積もりである。

　早暁《そうぎょう》、清洲城で信長、突如起き上がり「敦盛《あつもり》」を舞い、茶漬けを食らい、数騎のみで熱《あつ》田《た》神宮へ駆けた。熱田神宮は三種の神器の剣を祀り、ヤマトタケルも拠《よ》った尚武《しょうぶ》の神でもある。ここで味方の軍勢を待ち、進軍したところ、休憩中の今川本隊を見つけ、おりからの驟雨《しゅうう》をついて奇襲をかけて首を取ったと、後に大田牛一《おおたぎゅういち》が『信長公記《しんちょうこうき》』に、小瀬甫庵《おぜほあん》が『信長記《しんちょうき》』に書いた。

奇跡だったと講談に浪花節《なにわぶし》に小説に書かれ、映画にもなったので本当だと信じている人が多いだろう。

今川義元の墓

じつは入念な作戦を立て、巧妙に計算され、田楽狭間から桶狭間へかけての細長い隘路《あいろ》へおびき出す作戦が立てられていた。信長記にも、信長公記にも、この記述はない。

熱田神宮に近い信長の砦は丸根、鷲津《わしづ》。徳川家康は敵に包囲された大高城を拠点に二千五百の三河兵を率いて丸根砦を攻撃していた。

今川前衛の朝比奈《あさひな》泰朝《やすとも》の兵三千は鷲津砦を攻め、早々と落とした。故意に落城させるため信長は少数の守備兵しかおかず、戦捷《せんしょう》気分を今川勢に与えれば、主力部隊の気は緩《ゆる》むと踏んでいた。

信長の砦墜《お》つの知らせは行軍中の今川本隊へ届いた。細長い一本道の中程で酒樽をもって地元の有力者、村長が待っている。

「戦捷おめでたきこと、この先、信長の軍はおらず、楽勝で御座いますな」

こうなると、すっかり油断した今川は全軍に休憩を命じ、酒宴も一興とのんびりムード。斥候《せっこう》から、今川義元は桶狭間で休憩中という知らせを受けた信長、しずかに兵馬を進めた。今川本陣の敵兵おおそ二千、しかも隘路に陣形が伸びきっていて隙だらけだ。信長は突撃を命じるのだ。

いま名鉄「中京競馬場前」駅で下車すると前景に拡がる公園が桶狭間の古戦場跡、今川の墓が木陰に静かに立っている。

## 比叡山の焼き討ちは山火事程度だった

信長の比叡山《ひえいざん》焼き討ちは残虐を極めたと多くの史書が言う。

武威《ぶい》の迫力をして敵に脅威を与えしめるには凶暴性の演出が必須である。

信長の比叡山焼き打ちの詳細をみると、比叡に籠《こも》った荒くれ僧侶たちは女人禁制の聖山に多数の女性を入れていたし、京の日蓮宗の寺院を焼き討ちしたりしている。

比叡山僧兵は独自に徴税《ちょうぜい》し、まるで独立国家。為政者に歯向かっていたのだから信長の目に叡山は敵対する「政治集団」と映った。

狼藉《ろうぜき》を極める仏教徒の武闘勢力を削ぐために信長はキリスト教に法外な梃入《てこい》れをするな

ど「宗教」に対して複眼的なアプローチを行なってバランスをとった。

世に言う「比叡山の焼き討ち」なるものは「恐ろしさ」のイメージを敵に与えるための宣伝色が強く、実際には山門を焼いた程度の小規模な火災だった。地元、滋賀県教育委員会の調査では根本中堂《こんぽんちゅうどう》（総本堂）は焼かれていないことが分かっている。伝説と現実との懸隔《けんかく》は大きい。

延暦寺

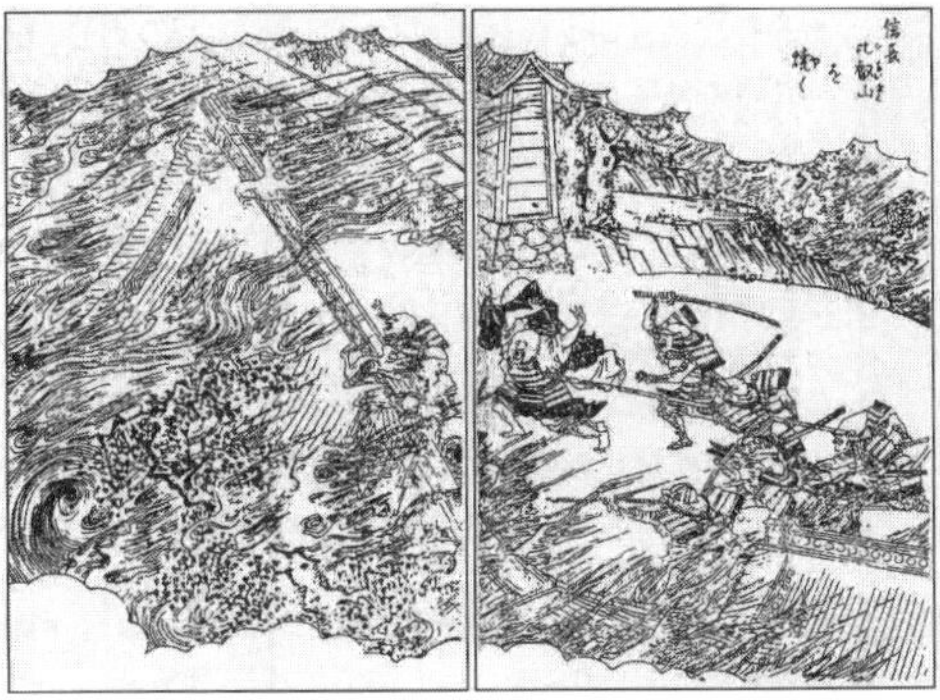

江戸時代の読本「絵本太閤記」に描かれた比叡山焼き討ち

いわゆる「比叡山延暦寺の焼き討ち」は元亀《げんき》二年（一五七一）のことで、前年に信長に敗れた浅井・朝倉連合軍を匿《かくま》ったのが直接に対峙《たいじ》する原因である。麓《ふもと》の坂本城は明智光秀が固め「降伏しなければ焼き討つぞ」と最後通牒《つうちょう》を送っている。

　そもそも比叡は伝教大師《でんぎょうだいし》（最澄《さいちょう》）以来の伝統を誇

っており、焼き討ちなどという発想は、佐久間信盛《のぶもり》や明智光秀ら攻め手の諸将にはないものだった。

元亀二年九月十二日、信長軍は坂本からのぼって火を放ち、すべてを焼き尽くし、立《た》て籠《こ》もっていた老若男女数十人を殺したと『信長公記』は書いた。

伝聞《でんぶん》を綴《つづ》った山科言継《やましなときつぐ》の『言継卿記《ときつぐきょうき》』、御所に仕える女官たちの『御湯殿《おゆどの》の上《うえ》の日記』、延暦寺に隣接する日吉社《ひえしゃ》の禰宜《ねぎ》、祝部行丸《はふりべゆきまる》の『日吉社兵乱記《ひようらんき》』にも延暦寺焼き討ちと信徒の大量虐殺が記されている。いずれも伝聞で、直接目撃してはいない。

昭和六十一年、滋賀県の教育委員会が長年かけて行ってきた発掘調査の結果を発表した。焼土層、痕跡がまったく見つからず、そこで滋賀県教育委員会は「全山の諸堂が紅蓮《ぐれん》の炎《ほのお》に包まれ、大殺戮《だいさつりく》があったというイメージからは程遠い、『山火事』程度のもの」とした。実に四百年も後になって信長の真実の一部が明らかになった。

あの神々しい山稜と聖なる伽藍《がらん》、根本中堂に、本当に信長が火を放ったのかとかねてから不思議に思っていた。最近も晩秋の比叡に、坂本口からケーブルカーで改めて上ってみた。深い緑に包まれた比叡の冷気に心の安らぎを覚えた。

聖地は人々に精神の安定をもたらし、今日も比叡、高野山には夥《おびただ》しい人々が集まっている。

かの凶暴なる暴君といわれた信長でも、さすがに民衆の素朴な信仰心の聖域までを敵に回すことはしなかったであろう。

## 京都と山形、信長を祀る二つの建勲神社

山形県天童市《てんどう》は将棋の駒の生産地として有名である。

なにしろJR駅舎の一階が将棋会館となっていて朝から将棋をさしている愛好家がいる。町全体の印象は寂しく、うら悲しく、人通りも少なく、ひっそりとして完全な過疎《かそ》の町だ。

全国で二つしかない織田信長を祀《まつ》る建勲《たけいさお》神社のひとつが、この天童市の舞鶴山《まいづるやま》の中腹にある。参詣客は甚だ少なく、ときたま車の安全祈願に愛車を駆って祈禱《きとう》に来る人くらい。社へいたる階段はかなり急で百段近くある。

その参道の麓《ふもと》に建つ妙法寺《みようほうじ》は吉田大八《だいはち》の菩提寺である。吉田は戊辰《ぼしん》戦争のおり奥羽鎮撫《ちんぶ》先導役を仰せつかり、東北列藩同盟と対決し、隣の庄内《しようない》勢と戦ったが、二転三転し、責任をとらされて切腹した悲劇の天童藩家老。しかし開明的で将棋駒の産業育成に努めた。

しかし信長を祭る神社がなぜ天童に？

わずか二万石の天童藩、じつは信長の嫡流《ちやくりゆう》が徳川幕府から「捨《す》て扶持《ぶち》」を貰い、治めていたからである。

信長の長男・信忠《のぶただ》は本能寺の変で散り、三男の信孝《のぶたか》は秀吉によって詰め腹を切らされ、

次男の織田信雄《のぶかつ》は覇気《はき》のない、指導力も稀薄《きはく》な武将として小牧《こまき》・長久手《ながくて》の戦いで秀吉に最後には騙《だま》され、さんざん虚仮《こけ》にされた。家康の取りなしでようやく秀吉の御《お》噺衆《はなししゅう》に加えられ、大和国内に一万八千石を拝領した。その徳川の時代の末裔《まつえい》が天童藩二万石の藩主となって明治維新《いしん》まで続いた。

二万石は大名といえるのか、どうか。徳川の織田信長の子孫に対する扱いの程度が分かる。

戊辰戦争で幕府軍を敗退させた明治新政府は国家意識発揚のため、突如、忘れていた英雄を思い出した。そういえば織田信長を祀る神社が日本にないと木戸孝允《たかよし》らが言い出したのだ。

山形県天童市の建勲神社

そこで京都船岡山に建勲《たけいさお》神社が建立され、こちらの方は本格的な社殿を誇る。かなり広い敷地、階段も急であり、社は朱色に輝く。立地条件がよく荘厳な雰囲気を醸《かも》し出している。山頂から北を見れば、大文字焼きの山稜がくっきりと見渡せる。

同社のホームページには次の記載がある。

「建勲神社は明治2年（1869）、明治天皇の御下命により創建された神社で、織田信長公をお祀りしています。明治8年（1875）に別格官幣社に列せられ、京都の船岡山に社地を賜りました。明治13年（1880）に新たに社殿を造営し、御嫡子織田信忠卿を配祀し、明治43年（1910）に山麓から山頂へ社殿を移建し現在に至っています。船岡山は玄武の小山として平安京造営の際に北の基点になったとされる小高い丘で、緑豊かな建勲神社の境内からは比叡山や大文字山（如意ヶ嶽）など東山三十六峰の眺望も楽しめます」

京都船岡山の建勲神社

　この京都に加えて天童に、別の信長をまつる神社があるということになる。

　天童藩主・織田氏の祖先である織田信長を祀るに至った経緯は次のようである。

　当初は信長の子孫、当時天童藩知事だった織田信敏《のぶとし》の東京の私邸に「織田社」を祀っていた。突如、明治新政府が画策し、明治二年に信長に建勲神《たけしいさおのかみ》の神号が下賜され、建織田社《たけしおりたのやしろ》を翌明治三年に天童市の城山（舞鶴山）山頂へ分祀した。同年、建織田社は太政官《だじょうかん》の通知により

「建勲社」と改称。明治十七年に山頂から中腹へ遷座《せんざ》。

筆者は天童駅からかなり道に迷いながら、ようやく建勲《たけいさお》神社を見つけ出してのぼった。市内に案内の看板が少なく詳しい地図がないのである。

おりから吹雪、持参した折りたたみ傘はうまく開けず、雪道を革靴でのぼる仕儀となった。

小さな祠《ほこら》におみくじ箱。左横の石に碑は本居宣長《もとおりのりなが》が信長を称えた文章が刻印されていた。何かちぐはぐな印象を抱いた。

長男信忠の嫡子《ちゃくし》・織田三法師について言えば、秀信《ひでのぶ》と改名し、その後、岐阜を治めて岐阜中納言などと持《も》て囃《はや》されたが、時局を読めず関ヶ原では西軍に加担してしまった。以後は冷遇され、高野山に追放されるも信長の悪行を覚えていた高野山からも追放され、麓に住んだ。二十六歳で自刃《じじん》したらしい。切支丹伴天連《きりしたんバテレン》にかぶれ洗礼名がペテロ。織田信長の末裔たちは誰も功成り名を残せなかった。

## 小牧・長久手の戦いは秀吉と家康の諜報戦争だった

日本史における諜報《ちょうほう》戦争の象徴的事例として秀吉と家康が熾烈《しれつ》な諜報戦を展開した天正《てんしょう》十二年（一五八四）の「小牧《こまき》・長久手《ながくて》の役《えき》」がある。

ところが歴史家で小牧・長久手の役の重要性を強調する人は少数である。

天正十年六月、秀吉が主と仰いだ織田信長は明智光秀の謀反《むほん》に倒れ、「権力の空白」が不意に訪れた。例外的な強運の持ち主が羽柴《はしば》秀吉だった。信長横死の情報を得るやいなや、秀吉は電光石火に毛利勢と手打ちを行なって備中《びっちゅう》高松城の水攻めを中止し、城主の切腹を見届けると、いわゆる「中国大返《おおがえ》し」をはかった。毛利を情報戦で騙《だま》したのだ。

天下分け目となった山崎《やまざき》の合戦《かっせん》で秀吉は明智光秀をこともなく倒し、翌年には信長家臣《かしん》団《だん》の主導権争いのなかで強敵・柴田勝家を賤ヶ岳《しずがたけ》に葬った。柴田権六《ごんろく》勝家は武勇の誉れ高く、衆望《しゅうぼう》を集める武将だったから、よもや成り上がりの秀吉如きに破れるなどと予想できた者は少なかった。この柴田の敗因は、途中で敵深くに兵を入れた佐久間盛政《もりまさ》の軽挙妄動《けいきょもうどう》にあるとはいえ、この佐久間の「中入れ」の失敗を見ていた前田利家《としいえ》はさっと兵を引いた。「中入れ」――これはよほどの強運に恵まれないと失敗必定《ひつじょう》の危険な軍策である。

天下の行方《ゆくえ》は織田家の跡目を継ごうとする秀吉の輝くばかりの勢いに収斂《しゅうれん》されつつあった。

――こんなことがあってよいのか。何人もの武将がそう言って首を傾《かし》げた。

わけても腹の虫がおさまらないのは信長の遺児たちだ。清洲《きよす》会議で秀吉が長男・信忠《のぶただ》の遺児・三法師をたてるという奇策に出たため、信長政権の後継を巡る争いを始めた次男・信雄《のぶかつ》、三男・信孝《のぶたか》は鬱勃《うつぼつ》としている（この場面をコミカルな映画にしたのは三谷幸喜『清洲会議』だ）。

そこで織田信雄に頼られた家康が、この風雲を千載一遇《せんざいいちぐう》の機会として、数万を率いて三河から駆けつけ、清洲城の前方に強靱《きょうじん》な陣を敷き、小牧山城を占拠したのだった。一気に秀吉政権を滅ぼせる、と家康は踏んだ。小牧・長久手の戦いの始まりである。

家康の右腕、石川数正《かずまさ》が提案した。それは秀吉陣営にある闘将・池田恒興《つねおき》と森長可《ながよし》を逆に籠絡《ろうらく》してしまうのである。歴戦の勇士である池田恒興と森長可をして「転ばせる」と石川数正は耳打ちした。

秀吉が信頼する池田と森長可は信長麾下《きか》の輝ける星だった。それほど容易に出来星の秀吉に組したわけではなかろう。じじつ、森長可に対して秀吉は「遠州と駿河」を与えると将来の領国を約した。それは家康の領土、つまり手柄を立てたら徳川家の領分をそのまま支配する太守《たいしゅ》が約束された。暴れん坊として名を馳せる森長可は信長の寵児《ちょうじ》だった森蘭丸《らんまる》の長兄でもあり、このころは美濃金山城《かねやまじょう》を治めていた。

信長と乳兄弟だった池田恒興はもっと驕慢《きょうまん》だった。恒興にしてみれば出自からみても格から見ても、自分のほうが秀吉ごときよりは上と、つい過去の経緯も苦々しく浮かんで驕慢さが態度にのぞく。ときに露骨にそれが顔に出る。

そうした秀吉の陣営内の動き、各将の腹の中は犬山から大垣にかけて大量に放った家康の間者《かんじゃ》から報告されていた。孫子の兵法そのままの実践である。

「敵は怖るるに足らず。この矛盾をうまく突けば、秀吉軍は四分五裂しましょうぞ」

というのが石川数正の口癖だった。戦わずして勝つ最良の方法は敵を内訌《ないこう》させせよ（内紛を起こさせろ）、と孫子の兵法も言っているではないか。

だから池田恒興の燃えたぎる野心を逆に利用しようという企みなのだ。敵をかき乱すことも兵法の第一歩である。

家康も初陣合戦以来、姉川では浅井氏殲滅《せんめつ》作戦で果敢に戦った経験があり、戦闘集団を後方でささえる兵站《へいたん》のこともわきまえている。家康はすでに小牧に近い所領の岩崎城下で道路の拡張を急がせ、軍用道路を農閑期に百姓を動員して拡張整備していた。

一方、家康がたてた名目上の大将は信長の次男、織田信雄である。彼は愚鈍で軍用道路拡張の発想さえなく、治めた領地の旧街道はといえば草ぼうぼうのぬかるみが多い。

家康はすでに信雄と同盟を結ぶ前から忍者集団を派遣して秀吉の後方攪乱《かくらん》作戦を命じてあった。柴田勝家を倒し、いよいよ天下様に近づいた秀吉は華麗な拵《こしら》えの大坂城の突貫工事に酔っていた。

秀吉には金と利害で十八万人もの兵力が蝟集《いしゅう》しているが、蜜に群がる蟻同然で統制が取れていない。かつて信長を裏切った三好《みよし》三人衆（三好長逸《ながやす》・三好宗渭《そうい》・岩成友通《いわなりともみち》）も松永弾《だん》正《じょう》も荒木村重《むらしげ》も上方に蟠踞《ばんきょ》した猛者《もさ》だったように同類の侍たちが秀吉のもとに打算で加わっているからだ。

しかしながらその利にさとい上方の周辺にも、利よりも義、金よりも報徳という集団があった。一向宗《いっこうしゅう》の石山本願寺と紀伊の雑賀衆《さいがしゅう》だ。さらには中国伝来の武術と鉄砲を蓄《たくわ》える根来衆《ねごろしゅう》もいた。徳川方は早くからこの勢力に注目してきた。

石川数正が一向宗の信徒であることを三河では表向き出してはいないが、三河全土はほぼ一向宗で埋めつくされていた。

その一向宗の地下人脈が全国に拡がっており、石山本願寺に心を寄せてきた信徒たちは雑賀に、根来に、加賀にと全国に散ったが、依然としてキリシタン・バテレンを庇護《ひご》し、天台宗の比叡を焼き払った信長を怨《うら》んでいた。

長島一揆を皆殺しにし、石山本願寺に十年戦争を仕掛けて、ついに一向門徒を大坂から退去させ、数万の一向の信徒たちが信長の犠牲となった。信長は法敵であり、その政権を継いだ秀吉を許すはずがない。だから家康は後方攪乱を仕掛けた。

そのうえで敵に「中入れ」をさせることである。

家康の巧妙な誘導につられて、池田と森連合は別動隊として家康の本拠地、三河の岡崎場を攻撃する中入れをうっかり提案した。秀吉は土壇場まで中入れに反対したが、どうしてもというのならと軍監《ぐんかん》(軍事監督)に甥の秀次をつけた。

中入れは案の定、失敗し、秀吉軍は長久手で大敗を喫した。森と池田は戦死、秀次は馬を捨ててみっともなく逃げ帰った。

この痛い敗戦以後、秀吉は家康をもっとも苦手として、姉を人質に差し出すなど、最大の妥協を示し、ようやく家康を取り込んだのである。

## 朝鮮通信使は朝鮮側の江戸幕府への朝貢だった

江戸幕府が平和と安定のために朝鮮通信使を受け入れた経過は歴史教科書にもでてくる。江戸時代の朝鮮通信使は李氏朝鮮の江戸幕府への挨拶《あいさつ》、朝鮮側の朝貢だった。日本からは一度も使節団は派遣されていない。朝鮮通信使は十二回にわたり、慶長《けいちょう》十二年（一六〇七）から文化八年（一八一一）までの二百年余つづいた。最後の通信使は対馬留め置きとなり、ようやく終止符を打った。外交的にも意味がないからだった。

石平氏の『朝鮮通信使の真実』（ワック）は朝鮮通信使の歴史修正主義的解釈である。戦後の歴史教科書が教えるところの朝鮮通信使とは、日本がなした侵略の懺悔《ざんげ》、謝罪のために朝鮮通信使を厚遇《こうぐう》したことになっている。いや、それ以前に秀吉の朝鮮半島進出が「侵略」であったのだから日本は謝罪し賠償金を払って当然という錯誤した歴史解釈になりがちである。

真実は百八十度、反対である。

さきの解釈は倒錯した史観、というより戦後「創作」された出鱈目《でたらめ》である。秀吉の朝鮮進出は切支丹伴天連《きりしたんバテレン》の日本侵略を予防する自衛の戦争だった。イエズス会は今日の定義で云えば「ＩＳ（イスラム国）軍」であり、宣教師は仮の姿であって、侵略の可能性を探るために派遣されてきた先鋭的な偵察隊だった（拙著『明智光秀　五百年の孤独』徳間書店や、渡辺京二『バテレンの世紀』新潮社などを参照）。

そのキリスト軍団が日本侵略の拠点としてシナを植民地化しようとするなら、その前に先制攻撃をかけることは軍事学、地政学の常識だろう。

朝鮮通信使の謎を解く鍵は、第一に徳川幕府の政治的意図、第二は朝鮮側の自主的な意思、そして背後にちらつく中国の思惑と、その評価であろう。

第一回の朝鮮通信使の来日は慶長十二年だった。家康が天下を取って征夷大将軍《せいいたいしょうぐん》となってから僅《わず》か三年後だった。

しかも使節は日本に謝罪を求めるどころか江戸幕府への朝貢が目的だったのだ。

朝鮮が大型使節団の派遣に踏み切り、四拝半《しはいはん》という臣下の礼をとっての朝貢だったことは明らかであるにもかかわらず、これを戦後、歴史教育は教えず、左翼学者は意図的に無視した。要するに朝鮮が江戸幕府のご機嫌をとる必要性があった。屈辱的な日光東照宮への参拝要請にも従った。

もっとも注目すべきは朝鮮側は日本に通信使を十二回も派遣したが、日本側は朝鮮に使節団を派遣したことは一度もないという重大事実である。

日本にやってきたのは当時の朝鮮の知識人達だった。屈辱の鬱憤を晴らすために、日本の印象を悪くする報告を書き上げた。しかし彼らが目撃したのはモノに溢れ、庶民の生活が豊かであり、礼儀正しく、清潔で、そして文明が高いという衝撃だった。

そのうえ朝貢にくる使節団を冷遇せず、高飛車にも出ず、日本は「おもてなし」に徹した。「当時の江戸幕府と幕府の命令を受けて通信使の接待にあたって沿道の諸大名は、むしろ財力と誠意の限りを尽くしてかれらを最高級の賓客《ひんきやく》としてもてなした」（石平前掲書）のである。

江戸城三の丸で陶器や虎の皮等の献上品を準備する朝鮮通信使（江戸図屏風より）

道中、朝鮮通信使の一行が民家の鶏を盗もうとして見つかったところを描写した『鶏を盗んで町人と喧嘩する朝鮮通信使』。1748年、延享（えんきょう）の「朝鮮聘礼使淀城着来図（ちょうせんへいれいしよどじょうちゃくらいず）」より

お人好しニッポンの面目躍如だろう。にもかかわらず負い目を逆転して自らを高みに置くために朝鮮の通信使らは、日本の知識人の詩歌が拙《つたな》い、教養が足りないとか字が汚いとか、林羅《ら》山《ざん》は教養が劣るとか、そう報告することによって精神的な高低を自らが採点し、自分らを高みに置かなけれ

ば屈辱を晴らせないという強迫観念に取り憑《つ》かれていた。

福沢諭吉は後世に残る『脱亜論』を世に問うた。主宰した『時事新報』(一八八五年三月十六日)の社説でこう書いている。

「この国(朝鮮)を目して野蛮と評するよりも、寧ろ妖魔悪鬼の地獄国と云わん」

その「妖魔悪鬼の地獄国」では令和二年になっても「反日」の暴走がとまらない。その結果、日本では韓国批判がかつてない高まりを見せる一方で、多くの批評家、歴史家、学者、ジャーナリストらの研究の深化によって、従来の歴史観がひっくり返った。

これまでの左翼学者や朝日新聞が書いてきた現代朝鮮史は嘘だらけだったことが同時に明らかにされた。自称「歴史学者」の朝鮮史の多くが出鱈目《でたらめ》だった。

第一は稲作をもたらした弥生人が朝鮮半島から来た渡来人であるといういかがわしい説に対して多角的な歴史検証がなされ、虚説であることが立証された。稲作はむしろ日本から半島に伝えられた。ついでに言えば縄文後期から稲作は日本で定着していた。その遺構が発掘され、誰も反論が出来なくなっている。

第二に民族のDNAが医学の進歩によって明らかにされ、日本民族と朝鮮の人々との遺伝子に共通性が低いことが判明した。考古学者らはDNAやミトコンドリアなどで、日本人と朝鮮人、中国人がまったく人種的に異なることがわかっても、知らん顔をしている。なぜなら自分たちの視野狭窄《きょうさく》による「学説」が崩壊するからである。これは言語学系列の研究でも明らかになった。このあたりのことは、長浜浩明氏の『日本の誕生 皇室と日本人のルーツ』(ワック)を参照されたし。

## 関ヶ原の勝敗は戦う前に決まっていた

関が原合戦は言ってみればインテリジェンス戦争の総決算のようなものだった。慶長《けいちょう》五年(一六〇〇)九月十五日、物理的な戦闘はわずか半日で終わっている。ノルマンディや沖縄の上陸作戦などを想起すると比類のない短期決戦だ。イスラエルの電撃的勝利となった一九七三年の中東戦争でさえ六日間を要した。

石田三成像

家康戦略の特徴は第一に徹底した石田三成《みつなり》の人間研究にある。

こういう性格の人間なら、こうした場面をどう判断するか。優柔不断の織田信雄《のぶかつ》のせいで味わわされた苦い経験、それは信長の激しさに比べると天と地ほどの開きがあった。長《なが》久手《くて》の戦いで家康は物理的には秀吉を打ち負

慶長5年（1600）の徳川家康書状（個人蔵）。家康から脇坂安治の息子である淡路守安元宛に出されたもの。関ヶ原合戦のひと月半前、慶長5年8月朔日の日付が家康の花押と共に記されている。この結果、脇坂家は西軍から東軍へと寝返り、幕末まで存続することになった

かしたが、外交では織田信雄を籠絡《ろうらく》した秀吉の勝利となった。人間の読み方において秀吉が優ったからだ。その反省もあって情報収集・分析、陽動、攪乱《かくらん》、逆情報などにかけては自分の方が三成よりは上と家康は思っている。

家康は大谷刑部《ぎょうぶ》吉継《よしつぐ》や加藤清正《きよまさ》、福島正則《まさのり》など諸将をあらゆる角度から分析し、その人間性に至るまで微細《びさい》にわたって判断材料とした。

情報戦略の巧拙《こうせつ》が東軍と西軍の明暗を分けた。関が原は諜報・謀略による外交の前哨《ぜんしょう》戦の勝負であり、情報戦争の段階で家康が卓越していたのに対して、功だけを焦る三成は並外れて無能だった。

緒戦を振り返ってみても駿府城から腰を上げようとしなかった家康はここで各地に間者、情報工作部隊を放っている。

福島正則は幾度も焦《じ》れて家康の出陣を促したが、これも動きの派手な福島の性格を計算してのこと。宣伝目的のための公然たる代理人役を負わせている。いわば世論の誘導工作員だ。味方である加藤清正や福島正則の派手な動きと人間性を研究し、彼らの苛立《いらだ》ちを逆に利用して、家康の「鈍さ」を天下に周知させた。逆宣伝工作だ。

当然、石田三成は油断して警戒心を後退させるし、西軍の士気も緩《ゆる》む。

三成もむろん家康側にスパイを送っているが、せいぜい斥候《せっこう》程度でインテリジェンスに長《た》けているものではなかった。三成にとってこの合戦は信義の決着をつけるという倫理の問題であり、パワーポリティックス（力の政治）の基礎に立っているとはいいがたい。西軍の不幸は三成を大将に選んでしまったことに尽きる。

家康にとって大谷刑部など歴戦の勇士たちが三成軍の参謀を務めている以上、侮《あなど》りがたかったとはいえ、こうした非現実主義者を相手にするのは、赤子の手をひねるように容易《たやす》いものだった。

逆情報によるスパイ活動を終えた後、家康の動きは突如として迅速《じんそく》になった。前線から最新情報を運ぶ藤堂高虎《とうどうたかとら》の諜報活動、苛立《いらだ》って待った福島正則の武勇は後々までも語り継がれることとなったが、もう一つここに加えたいものがある。それは手紙作戦。今日でいうメール作戦を展開し、敵の中に味方を扶植《ふしょく》していたのだ。

## 秀忠の関ヶ原遅参と家康の怒りは芝居だった

桶狭間《おけはざま》の戦い（一五六〇年）から本能寺《ほんのうじ》の変（一五八二年）までの二十二年間が「信長の時代」である。この信長が輝いた時代と足利幕府の終焉《しゅうえん》とは時期が重なる。

信長は人望が薄いうえ凶暴で、仏教界は信長を最後まで法敵とし、本能寺の変を聞いて、快哉《かいさい》を叫んだ。楽市楽座《らくいちらくざ》を信長の功績とする歴史学者がいるが、フリーマーケットは足利時代から随所に存在した。

政教分離が信長の功績というのは、ウェストファリア条約（政教分離の原則を確立したと言われる、ヨーロッパで最後の宗教戦争「三十年戦争」を終結させた条約。一六四八年）の過大評価と、西側の価値基準に日本史の判断材料を置いているからで、政教分離は江戸時代でも実現していない。

ともかく日本の歴史家の意識では西洋のほうが上であり、西欧史を見本とするきらいがある。これでは真実から結果的に眼を逸《そ》らしてしまう。

山崎の合戦で明智光秀を討ち取った秀吉は、直後の清洲会議で信長陣営内の主導権を確保し、かねてからの上司とも言える丹羽長秀《にわながひで》を籠絡《ろうらく》して味方にくわえ、遠く関東にあって間に合わなかった滝川一益《たきがわかずます》を遠ざけ、柴田勝家が福井に引き上げてから諸準備怠りなく、戦争の兵站《へいたん》準備ばかりか、名だたる武将の多くを取り込んだ。一年後、賤ケ岳《しずがたけ》で宿敵・勝家を葬《ほうむ》ってからの秀吉の天下は十六年間（死去まで）続いた。

天下統一から朝鮮征伐、聚楽第《じゅらくてい》の建築、大坂城落成と栄華《えいが》を極めたが、やや耄碌《もうろく》が進み、淀君《よどぎみ》に子が生まれると後継と決めていた甥の秀次《ひでつぐ》が疎《うと》ましくなり、一族ともども処刑するなど残酷な仕儀も多くなった。

さて小牧・長久手の「勝負に勝って、試合に負けた」徳川家康はじっと耐えて機会を待った。

会津の上杉景勝《かげかつ》征伐に赴《おもむ》けば、必ずや石田三成は兵を挙げると踏んでいた家康は、石田三成挙兵の報を受けた下野国《しもつけのくに》（現・栃木県）小山《おやま》で会議を開き（小山評定《ひょうじょう》）、逆進を始め、ゆっくりと関ヶ原へ向かった。

福島正則、加藤清正らが急《せ》かせても、なかなか腰を上げずに家康が駿府城にいたのは、じらし作戦と言われた。じつは密書を全国の有力武将に送り、東軍に加われば優遇する旨を書き送り反応を待っていたことは前節にもみた。

そのうえ大軍を二手に分けての進軍は家康の後継者・秀忠《ひでただ》を温存するのが第一の戦略目標だった。中仙道《なかせんどう》を上った秀忠軍が

徳川秀忠像

秀忠軍を苦しめた真田の上田城

上田城で真田《さなだ》に苦戦したのも、遅参した秀忠に家康は激怒したとされるのも、もともとの出来レースだろう。

かくして関ヶ原合戦の勝利で徳川の政権は固まったが、大坂城に秀吉の遺児・秀頼《ひでより》がいる以上、いずれ叛乱の懼《おそ》れがある。

家康は秀頼を一大名として扱うはずだったのが、急に心変わりしたのは秀頼に面会した折、その巨漢ぶりに驚いたからだ（秀吉はちびだったから、秀吉の実の子でないことは明らか）。

大坂には真田幸村《ゆきむら》、後藤又兵衛《またべえ》ら、名だたる武将も駆けつけたが、寄せ集めの兵隊は食いっぱぐれの浪人が主体で、統一が取れず、烏合《うごう》の衆《しゅう》だった。

徳川の天下が確定した大坂夏の陣（一六一五）から大政奉還《たいせいほうかん》（一八六七）まで「二百五十二年間の平和」が日本にもたらされた。

## 戦国の世に暗躍した怪僧たち

戦後教育のカリキュラムのなかで、歴史教科書が軽く扱っているのは当時の仏教がもっていた政治的な影響力の強靱《きょうじん》さである。

秀吉が備中《びっちゅう》高松城水攻めの最中に、信長の横死を知って堤防を切り、毛利の追撃を阻止しつつ、「中国大返し」を敢行したことは見てきた。

この前後に秀吉と毛利の間に入っての交渉を、フィクサーとしてやっていたのは怪僧・安国寺恵瓊《あんこくじえけい》である。恵瓊は毛利藩の外交顧問的な存在。黒幕として八面六臂《はちめんろっぴ》の活躍をした。

恵瓊は足利将軍が信長に追われ、鞆《とも》へ逃れてきたときも足利義昭《よしあき》の御所《ごしょ》をつくるなど、政治の黒幕だった。鞆はいまの広島県福山市の南、風光明媚《ふうこうめいび》なところで、坂本龍馬や西郷隆盛が宿泊した宿も残る。

安国寺恵瓊は関ヶ原で西軍についたため、斬られた。

金地院崇伝《こんちいんすうでん》は秀吉の顧問格として、軍師・黒田官兵衛《かんべえ》とともに帷幄《いあく》（作戦本部）にあった。京都・南禅寺《なんぜんじ》敷地内の小寺院は「金地院」と命名されているほどに政治の黒幕だった。

そして徳川家康の黒衣《くろこ》は南光坊天海《なんこうぼうてんかい》。

三人とも仏教界を代表する大物僧侶であった。

問題はこうした高僧らが、なぜ政治権力トップの側近として、政策助言が出来たのか、ということである。

家康は若き日に一向一揆《いっこういっき》に襲われ、生命を落としかけたことがある。家康の飛車角だった本多正信と石川数正も、このときは一向一揆側にいた。爾来《じらい》、家康の治世には、仏教徒といかに折り合いをつけて味方にするかという政治課題と直面していた。

それは当時の仏教が、庶民の信仰の対象であり、仏陀《ぶつだ》のためには生命を犠牲にすることを厭《いと》わず、信長に歯向かって果敢なる戦いを挑んだのが石山本願寺、雑賀《さいが》・根来《ねごろ》衆だった。

南光坊天海

長島一向一揆では三万の信徒が、越前の一揆衆は一万五千人が信長によって虐殺された。信長は法敵だった。百姓一揆ではなく「欣求浄土《ごんぐじょうど》、厭離穢土《おんりえど》」の筵旗《むしろばた》を立てた一向一揆であり、わかりやすく喩《たと》えれば現代のイスラム過激派をみれば良い。イスラム世界はイスラム原理主義過激派と世俗派との対立があって凄絶《せいぜつ》な内ゲバを繰り返し、他方で西側のキリスト教ともつねに対峙している。

戦国乱世では仏教が圧倒的なパワーを発揮した。宗教の絶頂期は、キリスト教にもあったが、仏教にもそんな時代があった。戦後日本は宗教への信仰が稀薄《きはく》になり、仏教界の多くは堕落して葬儀専門業者となりはてた。神道は昔から布教しないうえ、室町末期に吉田

兼倶《かねとも》が大成した吉田神道も江戸時代には弱体化したため政治勢力にはなりにくい。仏教のパワーが頂点を極めていたのが戦国時代であり、「寺領安堵《じりようあんど》」という政策は政権の中心課題だった。

徳川家康の死後、日光東照宮をいかに祀るかで神道と仏教の主導権争いがあった。当時の神道界を牛耳った吉田兼見《かねみ》の弟の神龍院梵舜《しんりゆういんぼんしゆん》が家康の葬儀を取り仕切ったものの、日光東照宮を「権現様《ごんげん》」と性格づけしたのは天海だった。仏教の高僧たちが、それほどの発言力をもっていたことを再認識しておく必要がある。

## 剣豪・宮本武蔵は画家、思想家でもあった

熊本県八代《やつしろ》市に松代《まつしろ》城代だった松井家の文庫がある。熊本県の文化関係者の案内で見学した折、宮本武蔵《むさし》関連の展示が幾つかあった。

現在、武蔵の画は鶉《うずら》図、芦雁《ろがん》図屏風、達磨《だるま》図などが東京目白台の永青《えいせい》文庫に展示されている。

武蔵の辞世は、

天仰げば実相《じつそう》円満　兵法逝《ゆ》き去りて　絶えず

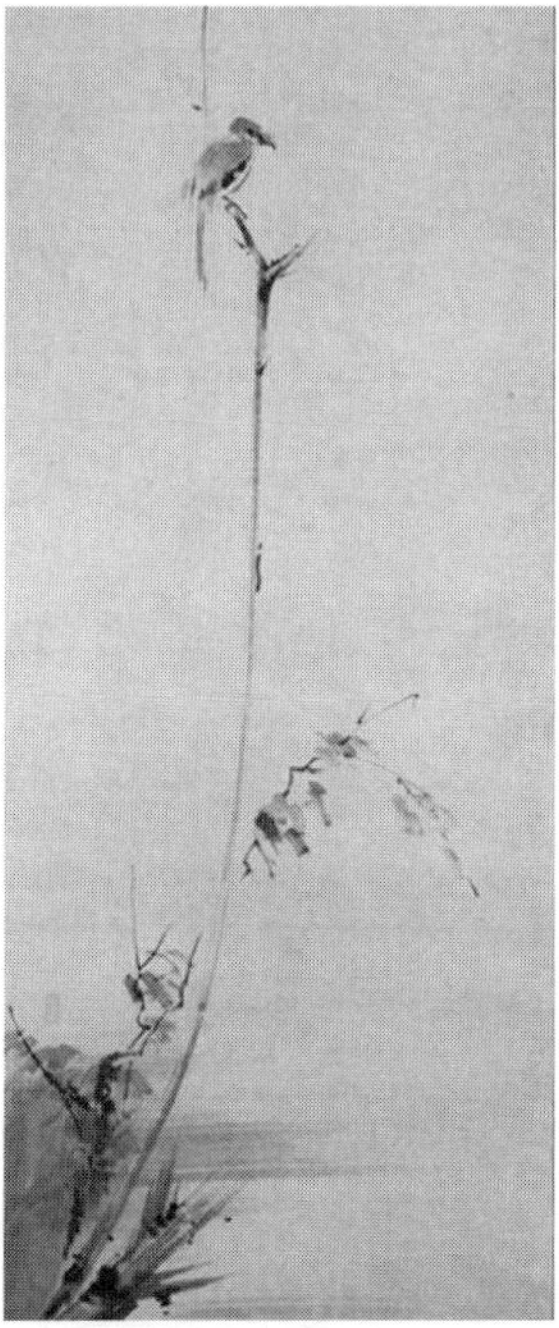

宮本武蔵「枯木鳴鵙図（こぼくめいげきず）」

「剣聖としてのみならず、画聖としての宮本武蔵が、騎士道を憧憬する西洋によって知られるに値する理由がある。逆にわれわれ日本人にとっては、日本人自身、日本を見失いつつある時代なればこそ、異文化の鏡像が必要とされる」という竹本忠雄氏の『宮本武蔵　超越のもののふ』（勉誠出版）は画期的な宮本武蔵論である。

右書は先にフランス語で書かれ、フランスで最初に出版された。フランスの騎士道とわが武士道を比較する文化論でもある。基底は精神論。そして美術論である。武蔵はかなり多くの水墨画と屏風画を残しているが、それらが巴里《パリ》で展示されたこともあるのだ。

宮本武蔵といえば、通説に従うと備中美作《みまさか》うまれの暴れん坊。十七歳のときに関ヶ原で西軍についたため以後、浪々の身となる。

やがて剣豪として認められ、吉岡一門と戦い、佐々木小次郎と戦い、最後は肥後《ひご》の洞窟《どうくつ》に隠遁し、絵を描き、思索をめぐらした。

しかしその後の研究で通説より十歳上、関ヶ原の参戦は二十八のとき、また生まれは兵

宮本武蔵「芦雁図」

庫県で、五歳のときに美作の宮本家に養子にだされたことが判明した。

　生涯、五十数回の真剣勝負に全勝した。巌流島《がんりゅうじま》の佐々木小次郎との対決は遅参ではなかった。なによりも武蔵は思想家だったのだ。そして哲学書とも言える『五輪書《ごりんのしょ》』を後世に残した。

『五輪書』は英訳され、仏訳され、世界二十カ国語に翻訳されて広く読まれたが、西欧人は、これを孫子の兵法書と並べて読む過ちに傾きかけたこともあった。『五輪書』は孫子とは正反対の書であり、謀略と卑怯を斥け、正々堂々の魂魄《こんぱく》を説いているのである。

　だが、多くが誤解し、「毒をもった危険な書」と坂口安吾《あんご》が評し、司馬遼太郎にいたっては、「武蔵は性格異常者で法螺《ほら》吹き男、剣法は屠殺《とさつ》剣」と誹《そし》った。

　日本国内ですら、じつは宮本武蔵は吉川英治の小説が普及した結果、かなりの誤解が広まっている。吉川英治は劇的効果をあげるために史実を誇大化したうえ、お通《つう》という武蔵に憧れてあとを追う美女を創作したが、実在した女性ではなく架空のヒロインである。吉川文学のモチーフは「求道者」としての武蔵だった。禁欲主義、志操《しそう》、信念、潔癖を人生目標とした物語の設定となっている。

「正しい武蔵像」とは何か。

剣豪でもあったが、芸術家、思想家だったという重大なポイントが普遍的な武蔵論から欠落しているのである。

## 山鹿素行なくして赤穂義士なし

世に言う「忠臣蔵《ちゅうしんぐら》」は武士の鏡、武家の誉《ほま》れと高く評価され、芝居に講談に、そして小説に映画になって、兵庫県赤穂市《あこう》では毎年師走《しわす》十四日には赤穂義士の行列が行われる。

元禄《げんろく》十四年（一七〇一）三月、殿中《でんちゅう》松の廊下で赤穂藩主・浅野内匠頭《たくみのかみ》は高家《こうけ》筆頭だった吉良上野介《こうづけのすけ》に刃傷《にんじょう》に及び、その日のうちに切腹。かたや吉良にお咎《とが》めなしとなったため赤穂藩は激昂《げきこう》した。

当初はお家再興のための政治工作が行われたが、うまくいかず、元禄十五年十二月十四日、「昼行灯《ひるあんどん》」と言われた家老の大石内蔵助《くらのすけ》以下、吉良邸に討ち入った四十七名は義士と評され、菩提寺である高輪《たかなわ》の泉岳寺《せんがくじ》の墓にはいまも線香が絶えない。忠臣蔵の上演は武士道精神復活の危惧ありとして、ＧＨＱが禁止した。しかし日本国民が涙する物語である。

基本の問題は何か？

法治を重視した徳川幕府は、安寧《あんねい》を乱し、法を犯したとして厳罰に処した。多くのインテリや町の声は、赤穂浪士の義挙に深い理解と同情を寄せ、そして武士の精神の復活を称えた。この世論に抗しきれず、幕府の判断は遅れたが、優先されたのは法治だった。そうだ、江戸時代の日本は世界にも稀《まれ》な法治国家だったのだ。

東京・高輪泉岳寺の赤穂義士墓所にはいまも線香の煙が絶えない

兵庫県・赤穂城二の丸門跡そばにある山鹿素行の胸像

さて舞台裏である。

会津の軍学者、山鹿素行《やまがそこう》が生きた時代、ときの宰相・会津藩主は保科正之《ほしなまさゆき》。二代将軍秀《ひで》忠《ただ》の庶子《しょし》にして信濃国伊奈《いな》の高遠《たかとお》藩へ預けられていたが、三代将軍家光《いえみつ》の知るところとなり、異母弟との面談が実現した。

保科正之の謹厳実直な人柄が家光の気に入られ、寛永《かんえい》二十年（一六四三）会津藩主となり、以後、会津松平家は興隆《こうりゅう》する。徳川のために身を粉にして働いた保科正之の目には、思想的に徳川の法治を脅かす潜在的パワーを秘めた山鹿軍学は危険と映り、山鹿素行を赤穂藩に預かりとした。

山鹿素行は会津生まれ。鶴ケ城《つるがじょう》（会津若松城）裏手の生誕の地には東郷平八郎揮毫《きごう》の大きな石碑がある。赤穂城には山鹿素行の胸像が設置されている。ちなみに墓所は新宿区の宋参寺《そうさんじ》。

素行は『中朝事実《ちゅうちょうじじつ》』を著した尊王家で、朱子学を批判した。徳川の官学であり官僚機構のイデオロギーだった朱子学は自然の道に逆らうものと、のちの明治維新の中核思想を早くから唱えていたのだ。

同時に山鹿は軍学者でもあり、この山鹿流軍学は赤穂浪士ばかりか、吉田松陰《しょういん》に、熊本藩や平戸《ひらど》藩に多大な影響を与えた。

朱子学批判により、九年にわたった赤穂藩流謫《るたく》で山鹿素行は藩士らに講義をしている。

いわば赤穂藩は山鹿流軍学思想に染まっていたのである。

山鹿素行が没したのは貞享《じょうきょう》二年（一六八五）、赤穂浪士の討ち入りは元禄十五年（一七〇二）年。死後十七年後のことであり、当時も今も、赤穂浪士の義挙の動機に山鹿素行を結びつける歴史家は少ない。しかし人脈による影響の度合いより、思想の影響力は強いのである。

北畠親房《きたばたけちかふさ》の『神皇正統記《じんのうしょうとうき》』とならぶ、山鹿の『中朝事実《ちゅうちょうじじつ》』は、後世の志士たちの必読文献となって、現在も輝いている。

## 島原の乱はカソリックとプロテスタントの戦争だった

教科書で教わる「島原《しまばら》の乱」とは天草四郎《あまくさしろう》率いるキリスト教徒の叛乱を徳川幕府が鎮圧したことになっている。

「島原の乱」の拠点となった原《はら》城址と島原城を取材したことがある。島原城の大振りな縄張りに驚かされた。

僅《わず》か数万石の大名に過ぎなかったのに、この巨大な構築物。軍事要塞《ようさい》の規模が意味するものは何だろうかと考えた。

寛永十四年（一六三七）、農民の乱が勃発した当初、筵旗《むしろばた》を立てた一揆《いっき》くらいにしか考えていなかった徳川政権は、付近の藩に制圧を任せた。この初動が失敗だった。

政府軍の前線司令官が討たれ、暴動叛乱は徳川幕府の政権安定の基盤を脅かすほどの規模となった、このキリスト教徒の叛乱鎮圧《ちんあつ》のために「智慧伊豆《ちえいず》」と呼ばれた松平信綱が采配《さいはい》し、十数万もの軍勢を動員、三カ月の兵糧《ひょうろう》攻めのあと、ようやくにして伴天連《バテレン》どもを殲滅《せんめつ》した。これが世に言う「島原の乱」あるいは「天草四郎の乱」である。

実際に勝敗を決めたのはオランダ船の火砲だった。徳川政府の切支丹《きりしたん》鎮圧にオランダが味方したのだ。理由はカソリックを日本から追い出すという政治的思惑が濃厚だった。オランダはプロテスタントである。

これが天草四郎が率いた農民プラス伴天連の軍勢を粉砕した直接要因である。緒戦段階での本格的な戦場は天草各地だった。天草は上島《かみしま》と下島《しもしま》からなり、周辺に無数の小島、無人島がある。

上島と下島のちょうど付け根に位置する本渡《ほんど》城と西端の富岡《とみおか》城が、一揆軍との大規模な軍事衝突の現場となった。富岡城が難攻不落と知った天草四郎は、有明《ありあけ》の海を渡って対岸の島原半島へ上陸し、原城を拠点として徳川政権と対峙したのだ。

本土に一番近い大矢野島《おおやのじま》には天草四郎ミュージアム（旧メモリアルホール）があり、歴史館を兼ねているが、じつは結婚式場でもある。

展示パネルを丁寧に見たが、地元の身贔屓《みびいき》なのか、自由と平等をもとめてのフランス革命と天草四郎を同列に置いていて驚かされる。歴史解釈がいかに自由だとは言え、これは改竄《かいざん》史観に近いのではないか。

キリスト教徒の叛乱という西側の「殉教史観《じゅんきょうしかん》」にも名状しがたい胡散臭《うさんくさ》さを感じるが、反乱軍の軍事指揮は、天草四郎をカリスマとして祭り上げただけで、主体は、関ヶ原の戦いで処刑された小西行長《ゆきなが》家中の浪人たち。朝鮮出兵経験もあり、軍事行動には慣れていた。

これに加わった農民は、前藩主寺沢《てらざわ》氏の苛斂誅求《かれんちゅうきゅう》に耐えかねていた。貧困のどん底、絶望的境地にあった。そうした精神的空白状況にキリスト教が救いだと説けば、藁《わら》にも縋《すが》る思いで叛乱に加わった農民が多かった。

南蛮文化に早くから接してきた天草の大江《おおえ》という集落が下島の南西にある。いまも二百戸ほどのクリスチャンが固まって住んでいるという。大江天主堂という立派な教会が残っており（ただし明治時代の建物）、麓《ふもと》には天草ロザリオ館がある。

峻険《しゅんけん》な崖道を海沿いに拓《ひら》けた崎津《さきつ》もまた小さな集落。ここでもキリストの信徒はいまや百戸のみで、周りを囲むのは禅宗の信者の家並み。寺の数がやたらと多いのだった。

## 田沼意次の政治は悪くなかった

清濁併《せいだくあわ》せのんで繁栄をもたらした政治家が日本にもいた。

田沼意次

足利義満《よしみつ》、豊臣秀吉以来のバブル経済が江戸時代の文化を華やかにした。

清貧の思想の逆をいった田沼意次《たぬまおきつぐ》ほど「腐《ふ》敗《はい》の権化《ごんげ》」と悪評さくさくの政治家はいない。だがこの歴史的評価は正しいのか？

最初に田沼を評価した作家は村上元三と早《はや》合点《がてん》してきたが、じつは徳富蘇峰《とくとみそほう》の『近世日本国民史』（講談社学術文庫）は、わざわざ一冊を「田沼時代」として田沼の政治をやや冷ややかだが評価している。

しかも十九年間に及んだ田沼政治は、近年議会政治で最長を誇った安倍晋三政権の二倍の長さである。権力が長くなれば政治は弛緩《しかん》し、腐敗も生まれる。気分も開放的になり、社会はいくぶん放埒《ほうらつ》になる。

抑圧や禁止事項が弛《ゆる》めば自由な発想のもと創意工夫が生まれ、芸術が花盛りとなる。

世界のアーティストに影響を与えた華やかな江戸文化は田沼時代に興隆《こうりゅう》した。

明和《めいわ》四年（一七六七）から天明《てんめい》六年（一七八六）に至る十九年間、田沼は宰相として政策を決定し、賄賂《わいろ》もはびこったが、それは当時の時代の掟《おきて》のようなものだった。徳富蘇峰はむしろ田沼意次のオランダ癖《へき》に焦点を当て、その熱狂的傾斜が日本において蘭学《らんがく》を恢弘《かいこう》させたとする。

杉田玄白《げんぱく》の『解体《かいたい》新書』がでたのも田沼時代、大槻玄沢《おおつきげんたく》の『蘭学階梯《かいてい》』もそう。夥《おびただ》しい蘭学者を輩出したこと、また平賀源内《ひらがげんない》の活躍を助けたのも田沼だったうえ、黄表紙《きびょうし》本から、狂歌、川柳の興隆、世界に衝撃を与えた日本の芸術、浮世絵の黄金期は田沼政権時代に重なる。鈴木晴信《はるのぶ》、勝川春章《かつかわしゅんしょう》、喜多川歌麿《きたがわうたまろ》が輩出した。意外に国学が栄えたのも田沼時代だった。塙保己一《はなわほきいち》の『群書類従《ぐんしょるいじゅう》』、そして与謝蕪村《よさぶそん》が活躍した。

全盲、聾唖《ろうあ》の三重苦に苦しんだヘレン・ケラーは、或る日、ひとりの日本人学者の存在

鈴木晴信「中納言朝忠（文読み）」

塙保己一像

を知って一念発起した。

彼女は家庭教師兼介護役の女性と指先だけで意思疎通《そつう》し、奇跡の業績をあげたことは有名だが、いったいヘレン・ケラーが尊敬した日本人とは誰だったのか？　国学者の塙保己一である。

塙保己一は七歳で盲目となり、十五歳で学問を志して江戸へでる。針灸《しんきゆう》、浪曲、三味線、琴で生計を得ようとするも叶わず、絶望して自殺しようとした。恩師が塙保己一の異様な学問の才能を見いだし、和歌、古典を学ばせる。かれは耳だけで古典を記憶していく。その才能だけでも尋常ではない。

塙保己一は耳だけで、国学、神道をまなび賀茂真淵《かものまぶち》に弟子入りし、ついには生涯かけて『群書類従』を完成させた。

さらに和学学問所を開設、これは現在の東京大学史料編纂所である。塙保己一のもとには平田篤胤《あつたね》、頼山陽《らいさんよう》らも駆けつけた。国学の礎《いしずえ》の役割を果たした学者だったのだ。

逆に田沼失脚のあとに登場する松平定信《さだのぶ》は質素倹約を旨とし、カタクルシイ時代がやってきて、贅沢《ぜいたく》はいけない、創意工夫もいけない、高級な菓子も、浮世絵も、女性の装身具にカネを使ってもいけない。そのうえ学問の統制まで行ってしまった。

統治に都合の良い朱子学《しゆしがく》以外の学問を認めなかった。その反動から武士は昼は儒学、夜は陽明学《ようめいがく》に親しんだ。

松平定信をからかった狂歌が残る。

白河の清きに魚も棲《す》みかねて　もとの濁《にご》りの田沼恋しき

松平定信は白河《しらかわ》藩主だった。

渡部昇一氏の『時代を見抜く力』（育鵬社）に拠《よ》れば松平定信の緊縮《きんしゅく》財政によって、日本経済の繁栄は終わり、不況をもたらし、「大量の失業者ができ、言論が不自由で、出世の見込みはなくなり、人の世がつまらないものになった」。

当時から田沼の悪評も聞こえたが、経済が繁栄すれば、田沼政治批判より目先の利益を追うだろう。

それを道徳的観点からだけで、腐敗の権化にしてしまった元凶を、渡部昇一氏は松浦静《せい》山《ざん》とみる。平戸藩主にして『甲子夜話《かっしやわ》』の作者。松浦海賊の末裔《まつえい》だ。

文政四年（一八二一）から書き始められた随筆集『甲子夜話』を現代風にすると、「日本人は田沼を嫌い、定信の登場に喝采《かっさい》し、家斎《いえなり》に飽きて水野忠邦《ただくに》の登場を歓迎し、政党政治を軽蔑して清潔武断の軍人政治を喜んだ」となる。

## 大塩平八郎と三島由紀夫に相通じるものとは

「大塩平八郎《おおしおへいはちろう》の乱」と後世に呼ばれる、庶民、学者、武士、町民が一つになり、天保《てんぽう》八年（一八三七）に起こした大坂での反乱。それは正義を尊んで知行合一《ちこうごういつ》を志す学問「陽明学《ようめいがく》」の著名な学者だった大坂奉行所与力《よりき》、大塩平八郎が不正、腐敗、飢えから世の中を救うために起《た》った義挙である。

大塩が奉職した「大坂与力」という役職は奉行に次ぐ高位だった。そのポストに甘んじるを潔《いさぎよ》しとせず、早々と平八郎は隠居を決め込んでしまった。門弟に苛烈《かれつ》な教育をなした、その狷介《けんかい》な性格形成はある種のコンプレックスがあったのかも知れない。

乱はあまりに大規模だったために事件後の取り調べは一年以上におよび、焼け焦《こ》げ腐乱した死体を塩漬けにして改めて磔《はりつけ》とするなどその処理は混乱を極めた。

この大塩平八郎の乱を克明に記録した人物がいる。田沼政治を批判し、『甲子夜話《かっしやわ》』で知られたあの元平戸藩主の隠居、松浦静山《せいざん》である。静山は号、本名は清《きよし》。偶々《たまたま》藩主となるが、学問と剣術に優れ、しかも男女三十二名の子宝に恵まれた。孫の一人は明治天皇の母親となった。その悠々自適《ゆうゆうじてき》の隠居ぶりは後世の人が人生目標にしたほどだ。

松浦は決して大塩の暴挙を肯定はしていないが、深い共鳴と同情をもって乱の資料を収集した。それが記録され、大塩の著作が後日、日の目を見る切っ掛けをつくった。

乱が鎮圧され、大塩平八郎は弟子筋の隠れ家を転々としたが、ついに潜伏先を発見され、役人が踏み込む前に自刃《じじん》して果てた。享年は三島由紀夫と同じく四十五。

大塩平八郎像（菊池容斎画）

大塩がすぐに自決しなかった理由が最近の研究で分かった。

幕府が封じた大塩の檄文《げきぶん》は、大量に複製されて当時から知られたが、これとは別に幕府要所への「建議書《けんぎしょ》」が存在し、それが一九九〇年になって偶然、発見されたのである。

江戸の要所に配布されるべき建議書に対する幕府側の反応を大塩は待っていた。しかし建議書は伊豆代官所で留め置かれ、幕府中枢には届かず、待っている間に町方に隠れ家を発見されたのである。

大塩の死から百三十三年後の一九七〇年。

大塩の乱を克明に描いた「革命哲学としての陽明学」を世に問うた三島由紀夫は、自ら日本刀を持って自衛隊東部方面総監室に乗り込み、檄文《げきぶん》をまいて自衛隊にクーデターを呼びかけ、

大阪市成正寺にある大塩平八郎・格之助父子の墓

その試みが不発に終わると、「楯《たて》の会」学生長の森田必勝《ひっしょう》とともに凄絶な割腹自決をとげた。「三島事件」と呼ばれるこの諫死《かんし》の日（十一月二十五日）は吉田松陰の旧暦命日でもあった。

　自決前に「革命の哲学としての陽明学」を残した三島由紀夫はこう書いている。

「陽明学はいまや埃《ほこ》りの中に埋もれ、棚の奥に置き去られた本」となったが、「陽明学は、明治維新のような革命状況を準備した精神史的な諸事実のうえに、強大な力を刻印していた。陽明学を無視して明治維新を語ることは出来ない」

　そして「中江藤樹以来の陽明学は明治維新的思想行動のはるか先駆といわれる大塩平八郎の乱の背景を成し、大塩の著作『洗心洞察記』は明治維新後の最後のナショナルな反乱ともいうべき西南戦争の首領西郷隆盛が、死に至るまで愛読した」（文春文庫『行動学入門』所載）。

# 御三家筆頭の尾張藩はなぜ将軍家を裏切ったのか

江戸幕府の寿命は尽きようとしていた。

幕末の黒白を決めた戊辰《ぼしん》戦争は鳥羽《とば》・伏見《ふしみ》から始まり、薩長の田舎侍に惨敗した第十五代将軍・徳川慶喜《よしのぶ》は大坂を捨てて、会津藩主、桑名藩主をともない船で脱走した。みっともない、サムライの美意識に悖《もと》ると痛烈な批判を呼んだ。最後の将軍となった徳川慶喜は「官軍」の前に怯《ひる》み、偽《にせ》の錦《にしき》の御旗《みはた》に震《ふる》えた。

会津藩士も新撰組も幕府軍も戦場に置いてきぼりを食らった。

さて徳川御三家の筆頭は尾張《おわり》藩である。八代将軍吉宗《よしむね》は和歌山藩から、十五代慶喜は水戸藩からでたが、尾張には将軍職は廻ってこなかった。尾張はその恨みから戊辰では最初に裏切って官軍に付いたと考えるのは短絡的である。物事には心境の変化、情勢の激変、新状況への対応がともなう。ましてや戊辰戦争は思想戦の趣《おもむき》が濃厚だった。

尾張藩の倒幕への傾斜が薩長の勝利をもたらす大きな原因となるのだが、それにしては尾張藩の評価が不当に低いのは何故か。近・現代史家たちは、この重要ポイントを軽視してきた。

坪内隆彦氏の『徳川幕府が怖れた尾張藩』（望楠書房）は次の諸点をあげる

第一に薩長は自分たちが中心の薩摩史観を優先させ、徳川政治を過小評価した。

第二に幕府と尾張藩の長い軋轢《あつれき》は、水戸藩ほど評判とはならなかった。

第三に水戸は水戸学を確立していたが、尾張には尾張学がなかった。というのも幕末に徳川慶勝《よしかつ》が尾張藩主となるまでの五十年にわたって幕府から養子を押しつけられた結果、国学が停滞した時期が半世紀にも及んだからだ。

しかしもう一点、坪内説に筆者が付け加えるとすれば、徳川宗家《そうけ》を裏切り、こともあろうに薩長軍に味方するとは武士道に悖《もと》り、侍の美意識に反すると誤解されたことが尾張藩の過小評価に繋《つな》がったのである。

慶勝の弟は会津若松藩主の松平容保《まつだいらかたもり》。もうひとりは桑名藩主、松平定敬《さだあき》。いずれも官軍と最後まで勇敢に戦い、大砲という近代兵器の前に降伏した。しかし尾張藩は徳川御三家の筆頭。その尾張藩がなぜ宗家に楯突《たてつ》き、薩摩の西郷、長州の木戸軍の陣営についたのか？　長い間、維新史の謎とされたミステリーだった。

尾張藩主初代は徳川義直《よしなお》。じつは、この人物が水戸黄門様に影響を与えた。義直は家康の九男である。

幼い頃から学問が好きで尊皇思想に目覚め、「王命に依って催さるる事」という政治思想の基本を確立するのだから、歴史は皮肉なのである。幕府が何を命じようとも勅命にしたがうことが優先するという遺訓である。

尾張藩主の哲学は水戸光圀《みつくに》に強烈な思想的影響を与え、江戸の幕府と「尋常ならざる」緊張関係が生じていた。ただし尾張藩での国学は本居宣長、賀茂真淵らが読まれたが、なぜか平田篤胤《あつたね》は軽視された。平田学はむしろ薩摩藩で圧倒的な影響力があった。

第十四代の慶勝は初代藩主の家訓を守る。「王命に依って催さるる事」とは、幕府を自らが倒すことに繋がり、水戸藩の尊王攘夷派に同時並行した、基本的に政治哲学優先を貫いた。その結果が徳川宗家十五代の慶喜を蟄居《ちっきょ》に追い込み、電光石火のごとくに幕府を倒壊させる。

倒幕というより御三家それぞれの自壊作用が官軍勝利に半分ほど影響した。

実際の倒幕に火をつけたのは水戸であり、あまりの過激さは大老《たいろう》・井伊直弼《なおすけ》を売国奴として、桜田門外の変で葬《ほうむ》り、精鋭武士をあつめた水戸天狗党《てんぐとう》は反主流派の変節などで残酷な運命をたどった。

若き日の吉田松陰《しょういん》は、この水戸へ留学し、会沢正志斎《あいざわせいしさい》の影響を受けて攘夷《じょうい》思想を固めた。

家康の九男　初代尾張藩主・徳川義直

最後の尾張藩主・慶勝39歳の写真

おなじく水戸の藤田東湖《とうこ》は、西郷隆盛に甚大な影響を与えた。

水戸が維新爆発の発火点であり、尾張は最終のダメ押し。表面の事象をみれば、徳川家の内訌《ないこう》という悲劇になる。

しかし内訌は、水戸藩のなかでも、尾張藩のなかでも起きた。もっとも悲劇的な内訌があったのは水戸藩で、「門閥派が水戸藩の実権を握り、天狗党は降伏、（中略）江戸幕府は武田耕雲斎《こううんさい》ら二十余名を処刑、さらに諸生派《しょせいは》が中心となって天狗党の家族らをことごとく処刑した」（坪内隆彦『徳川幕府が怖れた尾張藩』）。その復讐戦も後日行われ、つまるところ水戸に人材が払底《ふってい》する。

元治《げんじ》元年（一八六四）、朝廷と幕府は長州征伐をきめるが、征討軍の総督に慶勝が任命されてしまった。

「そこで慶勝は西郷に籠絡《ろうらく》されて長州藩を屈服させる機会を逃した」と痛烈に批判されてきた。内実は当初から融和策の慶勝が、その構想を西郷とすりあわせ、長州藩の三家老の切腹で長州を許すことに決めていたのだ。

第二次長州征伐は慶勝が下交渉をしていた越前《えちぜん》、薩摩の反対を押し切って行ったため、幕府征討軍の士気が上がらず惨敗を重ね、かえって大政奉還へと至る。すでに公武合体論《こうぶがったいろん》は蒸発しており、薩長は倒幕路線に急傾斜していた。慶勝は公武合体路線論者だったし、弟二人のこともあって、いきなり倒幕に傾いたのではなく深刻な葛藤があった。

尾張藩では佐幕派の有力者が残っていたため、偽の勅命によって、粛正を行った。この「青松葉《あおまつば》事件」により尾張藩は倒幕で一本化した。

尾張は勤王誘引《ゆういん》のため家臣団四十余名を近隣の諸藩だけでなく三河、遠江《とおとうみ》、駿河、美濃、信濃、上野《こうづけ》など東海道沿道の大名、旗本領へ派遣した。この慶勝のオルグによって薩長などの官軍は、東海道を進軍するに際してなにほどの抵抗も反撃にも遭遇せず、山梨で新撰組残党の多少の抵抗はあったものの、すんなりと江戸へ進んだ。

尾張藩も、会津、桑名両藩同様に悲運に見舞われたとしか言いようがない。

しかし明治十年の西南戦争では、会津旧藩士が「戊辰のかたき」として官軍の先鋭部隊、斬り込み隊として闘ったが、尾張藩士には、そうした動きもなかった。

## 水戸天狗党の悲劇

水戸に徳川光圀公（水戸黄門のモデル）があって、後世に残る偉業『大日本史』の編纂《へんさん》を

天狗党の不気味な墓

開始した。

テレビドラマの助さんと格さんは、実際は編纂で重要な任務をこなした学者藩士。ともかく『大日本史』は思想のこもった歴史を画期する大作業、その根幹に流れるのは日本の正気《せいき》を書き留めて南朝史観を樹立する北畠親房《きたばたけちかふさ》『神皇正統記《じんのうしょうとうき》』の近代版でもある。

つまり天皇親政を骨格として、南朝を正統とする価値基準が、すべての判断材料となる。したがって勅許《ちょっきょ》を得ないで日米修友条約を結んだ井伊直弼《なおすけ》は国賊であり、討たなければならない存在となり、暦《こよみ》を溯《さかのぼ》って、南朝を妨害した足利尊氏《たかうじ》はやはり国賊となる。

水戸光圀はだれもが忘れていた楠木《くすのき》正成を探し出し、湊川《みなとがわ》に公墓を建てる。

水戸藩の歴史学は「水戸学」と呼ばれ、会沢正志斎、藤田東湖ら多くの勤王の学者が輩出し、勤王を掲げた志士が全国から集った。そのなかには吉田松陰もいたという事実を書き留めるだけでも、水戸学の学問的影響度がどれほど深甚《しんじん》なものかを推測できるだろう。

桜田門外の変には薩摩藩士も加わったが、主として水戸藩士の政治行動である。大老・井伊直弼の暗殺は、がらがらと大音をたて日本の歴史を変えた。

しかし水戸には志士が集まりすぎて思想闘争に権力闘争が絡み、その内ゲバはあまりにも凄惨で、この大悲劇が「天狗党の乱」へとつながるのである。

武田耕雲斎《こううんさい》を統領に担ぎ上げて天狗党は筑波山に挙兵し、西へ西へと追われる彼らは群馬から長野、金沢を経て越前《えちぜん》へと至り、そこで全員が処刑された。

水戸では天狗党に加わった志士の家族も全員が無惨に殺された。この悲劇の結果、水戸藩には明治維新の人材が払底《ふってい》し、薩摩と長州に主導権を奪われるかたちとなった。そして維新の功業に水戸藩士が活躍する場面が減り、薩長土肥《どひ》に主役を奪われた。明治維新は戊辰戦争の終了を持って成立した。

いま水戸へ行くと藤田幽谷《ゆうこく》・東湖《とうこ》親子が眠る募陵の入り口になんとも不気味な集団の墓石が並んでいる。これが天狗党の墓である。

構えが壮烈で殺気を漂わせているかのようである。まさに正気と狂気が同居するような不気味な雰囲気。天狗党のうめき声が地下から湧くように聞こえた。亡霊か幻聴か、絶望の錯覚に捕らわれるのである。

# 第四章

# 明治維新前夜から西南戦争まで

「五カ条のご誓文」は、日本の民主主義の原理をあらわしたものだった。
それ故に押しつけられた占領憲法とて、ご誓文を無視することはできなかった。

## 吉田松陰が力説した孫子のインテリジェンス

吉田松陰は「孫子《そんし》」の稀《まれ》に見る理解者だった事実が、何か不都合な事由あってのことなのか、戦後の松陰論からすっぽり抜け落ちた。

あまたある松陰伝説の中で、例外は森田吉彦氏の『兵学者吉田松陰』(ウエッジ)くらいだ。松陰が松下村塾《しょうかそん》での講義録の最後に完成させた『孫子評註』は傑作である。それまでにも孫子は荻生徂徠《おぎゅうそらい》、林大学頭《はやしだいがくのかみ》、新井白石《はくせき》、山鹿素行《やまがそこう》らが解題した。吉田松陰のそれは過去の業績を読みこなしたうえでの集大成である。

松陰は孫子の欠陥を網羅し、日本的誤解を糾弾《きゅうだん》した。その講義録を弟子たちが編纂し、死後に『孫子評註』として久坂玄瑞《くさかげんずい》ら松下村塾門下生が出版した。

もっとも強い影響を受けた一人が松下村塾の後期に学んだ乃木希典《のぎまれすけ》だった。乃木は後年、松陰の『孫子評註』を校閲し、自ら注釈を新たに施し、私家版として出版した。これはのちに海軍兵学校で必読の書とされたのだが、戦後、こういう作品があったことさえ論じない松陰伝が主流となった。

左翼のご都合主義は革命思想の源流としての松陰であり、ほかの要素は触れようともしない。つまり松蔭の左翼利用というわけだ。

吉田松陰

孫子

しからば松陰は孫子をどう見ていたか。

敵を知り己を知るために死活的な国家戦略とはインテリジェンス、すなわち敵の情報を正確に入手し、対策を立てるための「間諜《かんちょう》」の重要性であり、国家が死ぬか生きるかはすべて軍隊の充実と情報戦争にあり、的確な情報を素速く入手するばかりか、それを正しく分析し、武器として情報心理戦を戦うとするのが孫子の肯綮《こうけい》（要点）であり、吉田松陰はそのことをいち早く見抜いていた。

「蓋《けだ》し孫子の本意は彼れを知り己れを知るに在り。己れを知るは篇々之《これ》を詳《つまびら》かにす。彼を知るの秘訣は用間《ようかん》にあり」（松陰『孫子評註』）

つまり敵の実情を知り、己の実力を客観的に比較できなければ戦争は危ない。敵の情報を知るにはスパイ（用間）を用いることである、と強調している。スパイというと戦後の日本ではたいそう聞えが悪いが、インテリジェンスのことである。

戦後の日本が全く忘れてしまったインテリジェンスと国防力強化、これが国家に枢要《すうよう》な課題だと吉田松陰は力説したのだ。

そればかりか、自ら米国の実情を探ろうとペリー黒船に乗船を試みた。ペリーは、そのことを日記に書き残した。

## 知られざる吉田松陰の思想遍歴

吉田松陰といえば「とどめおかまし　大和魂」の辞世と維新の思想的源泉となる「松下村塾」で知られるが、かと言って、松陰がいかなる思想遍歴を閲《けみ》したかを詳《つまび》らかに知る人は少ない。

長州藩の兵学師範の家を継いだ吉田松陰は嘉永《かえい》三年（一八五〇）、家学を修める目的で最初に肥前平戸藩へ行き、山鹿《やまが》流兵学者の山鹿万介や葉山左内に学んだ。修業中の身でありながら志士としての片鱗《へんりん》を十分に輝かせ始めた頃である。

吉田松陰はその後、肥後熊本を訪れて山鹿流兵学者、宮部鼎蔵《みやべていぞう》と出会った。宮部はのちに京で池田屋事件に遭遇し、新撰組と死闘のあと切腹する。倒幕派が激怒し、その恨みは戊辰戦争のあと新撰組を預かった会津藩を朝敵《ちょうてき》として下北半島の斗南《となみ》藩へ追いやり虐待するところまで引きずった。

松陰が江戸へ出て佐久間象山《しょうざん》に師事するのは嘉永四年。東北をまわり、水戸藩で往時の論壇を振るわせた尊王攘夷論『新論』の会沢正志斎《あいざわせいしさい》に面会し、遠く白河関《しらかわのせき》を越えて会津に赴き、藩校日新館《にっしんかん》の見学をした。しかし嘉永五年（一八五二）、脱藩の罪で士籍家禄《しせきかろく》を奪われてしまい、杉《すぎ》家に戻った。

山鹿流兵学の祖、山鹿素行《やまがそこう》は会津若松出身だが会津藩には受け入れられず、孫にあたる山鹿高道が江戸から平戸藩に仕えることとなった。松陰の先師《せんし》は、この山鹿素行だ。「死して不朽《ふきゅう》の見込みあらばいつでも死ぬべし。生きて大業の見込みあらばいつでも生くべし」と吉田松陰は処刑される前に高杉晋作《しんさく》への手紙に認《したた》めた。

これらのことから推察できるのは吉田松陰はまぎれもなく陽明学の徒であった事実だ。

吉田松陰が金子重輔《しげのすけ》を伴って伊豆半島の南端、下田を訪れたのは停泊中だったペリーの艦隊に乗り込んで、秘かに渡米する目的があったことは前節にみた。密航である。

吉田松陰は世界情勢を自らの目で見たいと考えていた。松陰二十五歳、佐久間象山の主宰した象山塾で小林虎三郎と並ぶ「二傑」として知られた。佐久間象山の勧めでメリケンを知らなければ祖国は危機に陥るとひたむきに考え、ひそかにペリー艦隊と連絡を取って

船出をめざす松陰と金子重輔の銅像が下田の公園に立てられている

いたらしい。佐久間象山が間にはいって手配したと推定される。でなければ後に象山が九年もの幽閉になる訳がない。

下田は幕府の手によって厳戒態勢にあった。吉田松陰は金子重輔と一緒に、最初は蓮台《れんだい》寺《じ》温泉の医師だった村山行馬郎《ぎょうまろう》邸に匿《かくま》われた。疥癬《かいせん》を患《わずら》っていた松陰は温泉が効くという誤説を信じて、村山邸の小さな風呂に毎晩浸かったが治らなかったという言い伝えを、実際に村山邸跡を見学した折、そのわびしくも小さく、そのうえ暗い風呂を案内して頂いたときに聞かされた。

いまでは訪れる人も少なくなった村山邸だが、ちゃんと保存されており、まさに隠れ家のような家がまえ、静かな住宅地の緑に囲まれ静寂のなかにぽつねんと建っている。筆者は下田生まれの作家、渡辺惣樹氏に案内され、この見学行にはジャーナリストの髙山正之氏も同席した。松陰が疥癬を病んでいたことは知らなかった。

夜中には近くにあった露天風呂にも浸かった

松下村塾跡

という。松陰が下田に潜入したのは嘉永七年（一八五四）三月十八日で、同月二十五日には弁天島の小さな祠《ほこら》に潜伏した。当時の弁天島は陸続きではなく、この祠はいまも残っているが、入り口に吉田松陰渡海の図が掲げられ、その近くの公園には松陰と金子の銅像が建っていて沖を見つめている。

三月二十八日、小舟を漕ぎ出した松陰と金子は闇に紛れてペリー艦隊の旗艦「ホーハタン」号に近づき、乗船した。しかし幕府側から事前に松陰のことを知らされていたペリーは面会せず、また渡米希望を拒否した。幕府が警戒中に、内緒で密航者を乗せることは出来なかった。

ふたりは失意を抱きながら福浦で上陸し、やがて観念して下田奉行所へ出頭、下田の宝光院長命寺《ちょうめいじ》に拘禁《こうきん》された。四月十一日に江戸伝馬町《てんまちょう》送りとなり、その後、長州へ護送、萩《はぎ》の野山獄《のやまごく》へ一年二カ月投獄されることとなった。

安政《あんせい》三年（一八五六）に自宅幽閉の身となり、吉田松陰は松下村塾を開き、孟子《もうし》の講義を開始する。これが松下村塾の始まりであり、二年と四カ月続いた。僅《わず》か二年四カ月の講義が後の歴史を動かす原動力となろうとは当時誰も想像していない。しかし明治維新の原動力は松下村塾に集まった十七名の塾生が中軸となった。

松陰のもとに桂小五郎（木戸孝允《たかよし》）、久坂玄蕃《くさかげんずい》、高杉晋作、前原一誠《いっせい》、伊藤博文など、後に日本を震撼させる維新の志士が集ったことはあまりにも有名で、山口県萩《はぎ》市には松下村塾跡が保存されている。レプリカは世田谷の松陰神社境内にもある。

「安政《あんせい》の大獄《たいごく》」でふたたび取り調べの身となった松陰は安政六年（一八五九）七月九日、伝馬町に繋《つな》がれる。連座して佐久間象山も伝馬町に入れられた。同年十月二十七日、松陰、斬。享年二十九。

吉田松陰の辞世はあまりにも有名だが、改めてここに掲げる。

みはたとひ武蔵野の野辺に朽ちぬども
留めおかまし　やまと魂

## 日本のエジソン・佐久間象山を暗殺した人斬り彦斎《げんさい》

吉田松陰の師匠でもあった佐久間象山《しょうざん》は信州松代《まつしろ》藩士にして洋学者、兵学者、思想家。

この人物、破天荒《はてんこう》の行動力と稀有壮大《けうそうだい》な構想力に恵まれた。

あまりに先進的な考え方を示すため世間から誤解され、ついには人斬り・河上彦斎《げんさい》に暗殺された。興隆を極めた象山塾には勝海舟、吉田松陰、河井継之助《つぎのすけ》、小林虎三郎《とらさぶろう》、宮部鼎《みやべてい》蔵《ぞう》、橋本左内《さない》、真木和泉《まきいずみ》、坂本龍馬、後の帝大（現東大）総長・加藤弘之《ひろゆき》など錚々《そうそう》たる志士が結集した。象山の妻は勝海舟の妹だった。

象山塾の「二虎」と呼ばれたのは小林虎三郎と吉田松陰（寅次郎《とらじろう》）である。

しかし塾頭となった小林虎三郎は長岡藩にもどって建白書を提出し、河井継之助に採用されたものの戊辰《ぼしん》戦争には参戦せず、後年「教育こそ礎《いしずえ》」と私塾を開いて、山本五十六《いそろく》らを育てた。これが目先の米よりも未来を見据えた教育を重んじる「米百俵」の逸話として山本有三が戯曲《ぎきょく》化し、小泉純一郎元首相がさかんに選挙演説で援用《えんよう》したため有名になった。

佐久間象山

人斬り・川上彦斎

松陰のほうは象山の示唆《しさ》で米国への密航を企てるが失敗し、連座して象山も伝馬町《てんまちょう》へ繋がれ、蟄居《ちっきょ》謹慎となること九年に及んだ。

いまに残るこの蟄居屋敷は質素だが、ここへ変名をつかって多くの志士が面会に馳せ参じたのである。

佐久間象山は公武合体《こうぶがったい》、開国論で、その文明論的技術論で鎖国攘夷《じょうい》論を視野狭窄《きょうさく》と批判した国際派の先駆《さきが》けとも言える。思想家として恩師である儒学者・佐藤一斎《いっさい》の影響を受けるが、日本で最初の電信実験や、ガラス技術の改良を行うなど、日本のエジソンのような存在でもあった。

象山と電信機
象山は、電磁石を利用した電信機で、日本で初めて電信通報の実験に成功しました。
その時の電信機やくわしい資料は残っていませんが、指示型電信機の一種であったと考えられます。
この展示模型は、指示型電信機の通信の実際を体験できるように作られたもので、形以外は、しくみも使い方も昔のものと違います。

象山が実験を行った電信機の展示模型（長野県松代町の象山記念館）

「失敗があるから成功する」などの名言を残している。

一方、佐久間象山を暗殺した河上彦斎は文久三年（一八六三）、宮部鼎藏と同格の熊本藩親兵選抜幹部となった。身《み》の丈《たけ》五尺（およそ百五十センチ）に満たず、片手抜刀《ばっとう》を得意とした。相手は、小柄で女のような河上につい油断した。

中国には、鄧小平《とうしょうへい》、胡耀邦《こようほう》ら小柄な

人物がいて、日本でも小村寿太郎《こむらじゅたろう》がいる。類《たぐい》まれな逸材が現れることがある。

蛤御門《はまぐりごもん》の政変で京都を追放された長州勢は故郷へ戻る。七人の公家もともに都落ちするが（七卿《しちきょう》落ち）、河上はこのとき三条実美《さねとみ》の警護を務めた。元治《げんじ》元年（一八六四）、池田屋騒動で新撰組に斬られた宮部鼎藏の仇を討とうとして京都へ潜入し、同年七月、公武合体論の巨魁《きょかい》・佐久間象山を暗殺する巡り合わせとなった。

第二次長州討伐では長州軍に参戦し、慶応三年に熊本に戻ったところ投獄されたため、鳥羽伏見《とばふしみ》戦役中は獄中にあった。

維新後、新政府は開国路線を推進し、尊皇攘夷を獅子吼《ししく》する（声高に主張する）河上を煙たがった。そこで新政府要人、広沢真臣《さねおみ》参議暗殺の嫌疑をかけられ斬首に処せられた。象山も、その象山を暗殺した河上も、ともに不運な武士である。

河上の辞世は、一直線だ。

君がため　死ぬる骸《むくろ》に　草むさば　赤き心の　花やさくらん

## 奄美大島で人生を終えるつもりだった西郷隆盛

「敬天愛人《けいてんあいじん》」とは西郷隆盛の言葉である。

いつ、どこで、西郷はこの思想的境地に達したのか？

筆者は西郷がこの思想に到達した場所を沖永良部島《おきのえらぶじま》だと考えている。西郷が島流しにあった三つの島（奄美《あまみ》、徳之島《とくのしま》、沖永良部）を二回に分けて訪れた結果である。「安政の大獄」の追及を逃れるために変名で隠棲《いんせい》した奄美大島は亜熱帯、台風の通り道、原始林、湿地帯、農園、のどかな漁村……。

いったん許され奄美大島から帰国するのだが、西郷はその後、薩摩藩の実質的最高権力者、島津久光《しまづひさみつ》の怒りを買ってまた流罪《るざい》となった。二回目はもっと遠い徳之島と沖永良部である。

この三つの島巡りを行って著者が感得できたのは、沖永良部こそが「西郷という日本の思想」（江藤淳）の策源地であることだった。

西南戦争に敗北した後も、庶民の間には、「西郷星」が夜空に現れたとか、孫文に生まれ変わったなど荒唐無稽な「西郷伝説」も生まれた。

西郷は奄美では菊池源吾と名乗った。中世の豪族・菊池氏の庶流である西郷家は自ずと菊池姓に愛着があった。菊池氏は北肥後から南肥前を治めた。昭和の作家で『文藝春秋』の創始者、菊池寛《かん》も菊池一族の裔《すえ》である。

奄美大島では牢獄にも入らず、行動は何も束縛されず、まったく自由だった。西郷は島内を散歩したり釣りに出たり、薩摩藩で弟分にあたる村田新八が流された近くの喜界島《きかいじま》へ行ったりしている。

奄美大島の西郷隆盛・流謫跡

江戸幕府からお尋ね者として手配されていた西郷を薩摩藩は僧・月照《げっしょう》とともに死んだことにして藩をあげて奄美へ匿《かくま》った。奄美大島の岸壁に残る「西郷松」は西郷が釣り舟を係留《けいりゅう》した跡で、松は枯れたが史跡として残っている。流謫《るたく》跡はしっかりと管理され、書類や西郷が使った膳も陳列されている。粗末な家屋である。ここで一緒に暮らした愛加那《あいかな》の墓も近くの墓地にあって百五十年後のいまも花が絶えない。愛加那は、西郷のふたりの子を産んだ。

悠然と長閑《のどか》な結婚生活を愉しみ、子供も授かっているのだから西郷隆盛は奄美大島ではほとんど自由の身だった。そのうえ藩からは俸禄米を得ていた。西郷はその米を節約して周囲の貧困家庭に配った。

奄美大島で結婚したという意味は、西郷は残りの人生を島で隠遁《いんとん》して過ごし、骨を埋めるつもりでいたからだ。一度、死んだ身としては、再び人生の舞台があると西郷自身予想していなかったに違いない。

しかしこの間に中央政界の激震は拡大していた。

佐幕派の巨頭、井伊直弼《なおすけ》が思想統制に驀進《ばくしん》した「安政の大獄」によって、梅田雲浜《うんぴん》が吉田松陰が、橋本左内が、多くの志士が斬首《ざんしゅ》され、そして水戸藩士による大老暗殺、「桜田門外の変」へ続く激動期だった。西郷はこの時期に奄美大島にあって中央政界に不在だった。

格子牢の獄に正座する西郷像

いったん許されて奄美から帰国した後、二度目の流罪となった沖永良部の西郷南洲記念館には現在、端然と居住まいを正し、格子牢《こうしろう》の獄に正座する西郷像がある。往時を偲《しの》ばせる西郷の座姿は髪が伸び、髭《ひげ》ははえ放題、衣服は汚れ、痩せさらばえている。

——嗚呼、ここが西郷が死を覚悟して、嵐や太陽の熱射、便所の臭気、藪蚊《やぶか》と闘いながら次第に痩せこけ、死の寸前にまで痛めつけられた獄なのか。

後年、西郷が深刻に悩んだ風土病はこの獄で感染した。

窮屈《きゅうくつ》で粗末な格子牢は松、竹、萱《かや》で覆《おお》っただけ。

広さはわずか九尺角（七・四平方メートル）、戸も壁もない吹きさらし。床は竹を編んだもので、まるで豚小屋のようだ。それもこれも島津久光の怒りに触れて京都からもどった西郷を待っていた処罰、二度目の流罪だった。徳之島へいったん連れていかれ、さらに遠島処分となった。しかも獄の「周りを囲め」と厳命されていた。

その仕打ちを見れば、西郷はいずれ切腹の沙汰があると覚悟していたのも無理からぬことだった。彼の脳裏を占めていたのは虚無だった。台風のたびに高波の飛沫、海水が牢にも押し寄せ、西郷は痩せ細り、髭は伸び放題となり、いつ死んでもおかしくない状態に陥った。

これを見かねたのが沖永良部の横目《よこめ》（警官）の土持政照《つちもちまさてる》だった。土持は学問に明るく、西郷を尊敬していた。彼が代官に「命令にある『囲み』とは座敷牢《ざしきろう》のことである」と大胆にも解釈の変更を建言し、役場の敷地内に急ごしらえの座敷牢を造った。

いま格子牢の実物大レプリカがある敷地には町営の南洲記念館が建っている。西郷は土持家の座敷牢に移され、衰弱した身体を癒《いや》すために土持の妻と母親・鶴が懸命に栄養食をつくって西郷の健康を恢復《かいふく》させた。土持の妻は、大久保利通の父親が沖永良部赴任時代に土地の娘に産ませた女で、奇遇が重なる。

その土持政照を記念する石碑も記念館の庭にある。

まさに命の恩人が土持政照夫婦とその母親だった。やがて体力を回復した西郷は相撲をとって島のごろつきを退治したり、近所の子らに座敷牢の格子を通して学問を教えた。その教え子から後世多くの傑人が出た。

西郷は書家でもあった。

西郷自筆「敬天愛人」の書（鹿児島市立美術館蔵）

土持邸で多くの書をものし、また近所の子供達に教えた。読書に没頭できた。それも同時期に沖永良部に流されていた教養人、川口雪蓬《せっぽう》との親交を重ね、詩作の指導を受けたからである。

親子して面倒を見てくれた土持政照とは義兄弟の契《ちぎ》りを結び、彼に西郷が遺した多くの書がいまも残っている。『西郷隆盛全集』には重要な節々で西郷が土持政照に宛てた手紙が収録されている。

このときに西郷は「敬天愛人」の思想を得たのである。

道は天地自然の物にして、
人は之れを行うものならば、
　天を敬するを目的とす
天は人も我も同一に愛し給うゆえ、
　我を愛する心を持って人を愛する也

（『南洲翁遺訓』より抜粋）

百年を経て、沖永良部に西郷南洲記念館が「敬天愛人発祥の地」として建立《こんりゅう》され、敷地内には土持政照の顕彰碑も建てられた。

昭和五十二年(一九七七)には鹿児島県和泊町《わどまりちょう》に南洲顕彰会が設立された(和泊西郷南洲顕彰会)。

## 横井小楠と坂本龍馬と「五箇条のご誓文」

寺田屋に潜伏中、刺客《しかく》に襲われ、九死に一生を得た坂本龍馬は薩摩藩邸に匿《かくま》われたのち、西郷のはからいで、妻のおりょうとともに薩摩の霧島温泉へ新婚旅行に出向いた。このほのぼのとした逸話は誰もが知っている。

薩摩と長州の秘かなる同盟は、その後のことで、主流だった公武合体論は唐突に力を失い、倒幕へと傾く。状況の激変である。

となると、公武合体の推進者だった坂本龍馬は薩長にとって鬱陶《うっとう》しい存在になる。

龍馬は京の近江屋に潜伏先をかえて日夜飛び歩いているが、中岡慎太郎《しんたろう》が訪ねてきたおりに宿の小僧に軍鶏《しゃも》を買いに走らせ、その隙に闖入《ちんにゅう》した刺客によって斬られた。

寺田屋は東寺《とうじ》の南東部にあって、都の中心部からは遠いが、近江屋は四条河原町《しじょうかわらまち》、京のど真ん中である。

最初、犯人は新撰組と言われた。作家の浅田次郎氏は新撰組の斎藤一《はじめ》が斬ったと書いた。明治後期に「わたしが斬った」と名乗り出たのは元京都見廻組の今井信郎だった。しかしいまだに誰が犯人なのか特定できていない。

ところで問題は近江屋に潜んでいることを幕府側に誰が教えたか、である。直木賞作家の中村彰彦氏は『龍馬伝説を追う』（世界文化社）のなかで消去法により、それは西郷隆盛だと推定した。真偽のほどはいまもって謎のままである。

さて坂本龍馬には有名な「船中八策《せんちゅうはっさく》」構想があるが、これは彼のオリジナルとは言えない。

横井小楠

西郷隆盛は明治政府誕生の最大の立役者である。しかし、政権をもぎ取ったあとをどうするか、いかなる国家ヴィジョンに基づいて国を治めるのか、そもそも国是の基本方針を決めなければならないが、維新の原動力となりながら、西郷にはそれらの諸問題にたいして高い関心があったとは思えない。

その後の新政府の基礎をなす政治思想は、

それなら誰が策定したのか。

肥後藩士だった横井小楠《こなん》は越前《えちぜん》の学識顧問格として藩主松平春嶽《しゅんがく》から重く用いられた。熊本市のはずれに小楠記念館「四時軒《しじけん》」があるが駅から遠い所為《せい》か、訪れる人が少ない。

筆者はここで、船中八策（坂本龍馬）から同じく越前藩士だった由利公正《ゆりきみまさ》の起草となる五箇条《ごかじょう》の御誓文《ごせいもん》の草案にまで多大な影響を与えた横井小楠の「国是《こくぜ》七条」を見学した。

文久《ぶんきゅう》二年（一八六二）、横井が起草した国是七条は、幕政の改革に重点が置かれており、つぎの要項である。

一、大将軍上洛して列世の無礼を謝せ
一、諸侯の参勤を止めて述職となせ
一、諸侯の室家を帰せ
一、外様・譜代にかぎらず賢をえらびて政官となせ
一、大いに言路をひらき天下とともに公共の政をなせ
一、海軍をおこし兵威を強くせよ
一、相対交易をやめ官交易となせ

これらの基本的な考えはすぐに坂本龍馬が土佐藩へ武器を運ぶ船の中で着想したといわれる「船中八策」へ繋がった。龍馬の発想を補足して後藤象二郎《しょうじろう》がまとめたと伝えられる

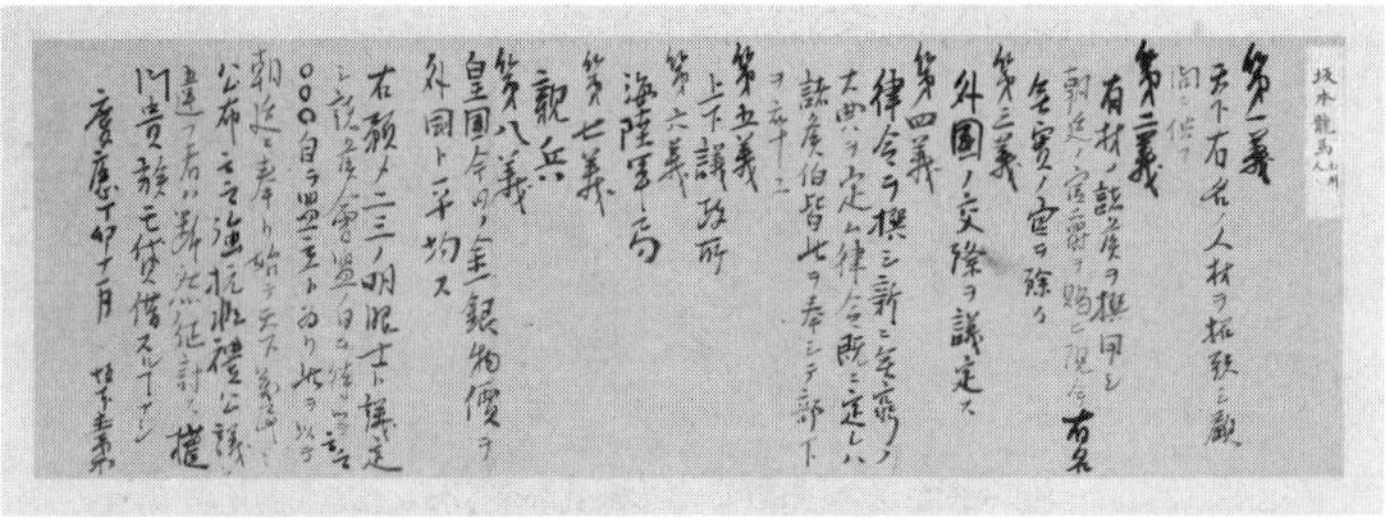

龍馬自筆の「新政府綱領八策（船中八朔）」（国立国会図書館蔵）

船中八策には諸説あるが、おおむね次のようなものである。

一、天下ノ政権ヲ朝廷ニ奉還セシメ、政令宜シク朝廷ヨリ出ヅベキ事。

一、上下議政局ヲ設ケ、議員ヲ置キテ万機ヲ参賛セシメ、万機宜シク公議ニ決スベキ事。

一、有材ノ公卿諸侯及ビ天下ノ人材ヲ顧問ニ備ヘ官爵ヲ賜ヒ、宜シク従来有名無実ノ官ヲ　除クベキ事。

一、外国ノ交際広ク公議ヲ採リ、新ニ至当ノ規約ヲ立ツベキ事。

一、古来ノ律令ヲ折衷シ、新ニ無窮ノ大典ヲ撰定スベキ事。

一、海軍宜シク拡張スベキ事。

一、御親兵ヲ置キ、帝都ヲ守衛セシムベキ事。

一、金銀物貨宜シク外国ト平均ノ法ヲ設クベキ事。

以上八策ハ方今天下ノ形勢ヲ察シ、之ヲ宇内《うだい》万国ニ徴スルニ、之ヲ捨テ他ニ済時《さいじ》ノ急務アルナシ。苟《いやしく》モ此数策ヲ断行セバ、皇運ヲ挽回シ、国勢ヲ拡張シ、万国ト並行スルモ、亦《また》敢テ難シトセズ。伏テ願クハ公明正大ノ道理ニ基キ、一大英断ヲ以テ天下下更始一新セン。

そしてこれらが後に由利公正が起草する五箇条の御誓文へ繋がる。

五箇条のご誓文は現行憲法の前提となっている。

昭和二十一年（一九四六）六月二十五日に、衆議院本会議において日本国憲法案の審議が始まったが、当時の吉田茂首相は御誓文に言及してこう言っている。

「日本の憲法は御承知のごとく五箇条の御誓文から出発したものと云ってもよいのでありますが、いわゆる五箇条の御誓文なるものは、日本の歴史・日本の国情をただ文字に表しただけの話でありまして、御誓文の精神、それが日本国の国体であります。日本国そのものであったのであります。この御誓文を見ましても、日本国は民主主義であり、デモクラシーそのものであり、あえて君権政治とか、あるいは圧制政治の国体でなかったことは明瞭であります」

たとえ占領憲法が押しつけられたとはいえ、当時の日本人は五箇条の御誓文は民主主義の原理であると正々堂々と主張していたのだ。

御誓文の本体は、明治天皇が天神地祇《てんじんちぎ》に誓った五条文で、御誓文には勅語と奉答書が付属している。次に再録しておこう。

一．広く会議《かいぎ》ヲ興《おこ》シ万機《ばんき》公論《こうろん》ニ決スベシ。
一．上下心ヲ一ニシテ盛《さかん》ニ経綸《けいりん》ヲ行フ《う》ベシ。
一．官武《かんぶ》一途《いっと》庶民《しょみん》ニ至《いた》ル迄《まで》各《おのおの》其《その》志《こころざし》ヲ遂《と》ゲ人心ヲシテ倦《う》マザラシメンコトヲ要《よう》ス。
一．旧来《きゅうらい》ノ陋習《ろうしゅう》ヲ破《やぶ》リ天地ノ公道ニ基《もとづ》クベシ。
一．智識《ちしき》ヲ世界ニ求《もと》メ大《おおい》ニ皇基《こうき》ヲ振起《しんき》スベシ。

## 水戸学が水戸藩を不幸にした

水戸のひとびとが自慢をするのは明治維新の魁《さきがけ》となった志士たち、桜田門外の変で世を動かし、道を切り開いたこと。しかし語りたがらないことがある。それは天狗党《てんぐとう》始末だ。だからフィクションの「水戸黄門漫遊記」を前面に出してお国自慢とする。

旧水戸藩士のために建立された「常磐《ときわ》共有墓地《ぼち》」という大きな墓地の入り口に不気味な墓があることは書いた。陰鬱《いんうつ》な霊気《れいき》、というより怒気《どき》がただよう場所。越前敦賀《つるが》で降伏した天狗党が閉じ込められたニシン蔵（肥料倉庫）を移築した回天神社である。荒ぶる魂はおさまっていない。ここに天狗党が眠るのだ。

水戸市のＨＰの説明はこう書いている。

「常磐共有墓地の入り口近くに林立する多くの墓は、敦賀から移した鰊蔵《にしんぐら》（回天館）と共に、幕末水戸藩の悲劇を物語っています。この墓は元治元（１８６４）年の筑波山挙兵に関係した尊王攘夷の志士達が志半ばに各地で処刑されたため、明治３（１８７０）年、その遺体を集めてこの地に埋葬したものです。その後、昭和８年には地元有志によって、安政の大獄以後の殉難者と合せて１７８５柱の忠魂塔碑が建てられ、昭和44年 回天神社となりました。なお、その後漏れた志士も合祀されました」

天狗党の挙兵はつくば山だった。数百の武士が蹶起《けっき》に馳せ参じ、各地を転戦しながら、京へ向かった。首魁《しゅかい》は武田耕雲斎《こううんさい》、客観的にみても尊王攘夷過激派である。

回天神社（水戸市）

水戸藩では内ゲバが続いていた。藩主の息子は一橋慶喜《ひとつばしよしのぶ》、すなわち第十五代将軍である。徳川御三家でありながら、将軍となったのは初めて。だがその藩主がのちに天狗党弾圧の張本人となるのだから、水戸の内部事情ほどややこしいものはない。

水戸光圀が興した水戸学の思想が、皮肉にも維新の志士たちを鼓舞《こぶ》し、激しい攘夷運動が拡大した。藤田東湖《とうこ》、会沢正志斎《あいざわせいしさい》らが当時のオピニオンリーダーだった。根本は南朝史観であり、勅許《ちょっきょ》を得ないで開国の外交方針を独断した井伊直弼は国賊という位置づけになる。水戸学が倒幕の原理となったのは、ある意味で歴史のアイロニーと言えるだろう。

天狗党始末は死臭《ししゅう》ただようほどの残酷な結末で、敦賀だけで三百五十二名が斬になり、合計数百名が処刑され、あるいは獄中死、病死、遠島処分となった。

「慶喜は、幕府の心証を好ましいものにするため、自分にとりすがってきた天狗勢を冷たく突き放したのだ。幕府に引き渡された天狗勢は重い処分をうけると予想されていたが、大量処刑はそれをはるかに上回るもので、幕府の過酷な処分に対する強い批判がまきおこった」（吉村昭『天狗争乱』新潮文庫）

降伏した天狗党の首領として斬首された地、敦賀（福井県）にある武田耕雲斎像

西郷隆盛も大久保利通も幕府のやり方を「非道」と非難した。

徳川の菩提寺は愛知県岡崎市にある大樹寺《だいじゅじ》。歴代将軍の大きな位牌《いはい》を並べるが、慶喜だけは軽き扱いで奥まった場所に置かれ、しかも台座だけはあるが、位牌はない。それが徳川宗家の慶喜評価である。

水戸藩では天狗党の家族も処刑された。処刑した側の水戸藩武士らもほとんどが報復された。

とどのつまり千名前後も殺し合って水戸藩からは人材が払底《ふってい》し、新政府では誰一人顕官《けんかん》とはなれなかった。水戸の人々が触れたがらない暗部である。

## 高杉晋作の「名誉回復」はいかにしてなされたのか

高杉晋作《しんさく》と言えば奇兵隊《きへいたい》。武士、百姓、町人、職人混成のこの武力集団が維新への血路《けつろ》を開く原動力となったことは明らかな歴史の事実だが、華々しく後世に伝わる高杉晋作の功業に対し、ひっそりとその影になって、維新の舞台裏に斃《たお》れた無名の人々の数は夥《おびただ》しい。

——一将《いっしょう》功なりて万骨枯《ばんこつ》る。

なかでも晋作を徹底的に援助した下関の志士、白石正一郎《しらいししょういちろう》に関してはほとんど知られていない。

奇兵隊という雑兵《ぞうひょう》集団はたしかに高杉が開闢《かいびゃく》総督だったが、実際の運営は白石正一郎が行なっていた。彼は下関清末藩《きよすえはん》の御用商人。四十歳にして国学に目覚め、志士たらんと人生を転換させた。

奇兵隊を白石は資金面で強力にささえたが、歴史の表舞台は長州毛利家の家老・周布政《すふまさ》之助《のすけ》、桂小五郎こと木戸孝允《たかよし》、軍事の天才・大村益次郎《ますじろう》、維新後の山縣有朋《やまがたありとも》、井上馨《かおる》、伊藤博文ら顕官《けんかん》の物語に偏《かたよ》りがちだ。

維新回天《かいてん》の偉業が成立するまでの政治闘争で自らの血をふり絞《しぼ》るようにして軍資金を出し、はじめから終わりまで高杉をささえ、彼の豪遊から愛妾《あいしょう》の身請けのカネまで支払って、はては八代にわたった廻船問屋《かいせんどんや》を破産させてしまい、歴史の表舞台から忽然《こつぜん》と消えた白石正一郎や、同じく高杉らを物心両面で支えた豪商・入江和作《いりえわさく》の人生は、わずかに作家の古川薫《かおる》、フランス文学者の村松剛《たけし》らが触れている程度である。

高杉晋作

白石正一郎とされる人物（中央のあごひげの男性）が写った写真（個人蔵・下関市立東行記念館寄託）

現代に当てはめると、こういう肝《きも》の据わった、尊皇の歴史観がしみこんだ財界人、実業家がいないから日本は駄目になったのだ。

いまでこそ高杉晋作は幾つもの小説に

もなり（古川薫、山岡荘八、池宮彰一郎、三好徹ほか）、漫画もあり、事績を探求する研究書も夥《おびただ》しく刊行され、ついには高杉の日記も編纂されて新書となっている（一坂太郎『革命日誌』朝日新書）。脇役《わきやく》としての扱いながら、高杉を活写した小説の白眉は三島由紀夫が絶賛した林房雄の『青年』、評論の逸品は村松剛の『醒めた炎』（中央公論社）である。

いま私たちは高杉晋作が生まれた萩《はぎ》から、江戸留学、東北旅行、上海《シャンハイ》行き、萩の野山獄《のやまごく》、長崎、何回かの逃亡（四国、九州）と復帰、決起の場所などを克明に知ることができる。当該スポットに行くと記念碑とか石碑が建っている。萩から山口、防府、長府、馬関《ばかん》（下関）を案内するカラーのガイドブックまである。

維新後しばらく高杉は地元の人々から「乱民」として疎《うと》まれ、とりわけ旧士族の反乱（萩の乱など）があって、その名誉回復は明治半ばになるのだが、最近の大河ドラマに象徴されるような英雄譚が、歴史の暗い影の部分を消し去っている。

長州藩は関ヶ原で石田三成《みつなり》側の総大将になったため、敗戦後は大藩だった領地を削られ、防長二カ国に押し込められた上、日本海側の萩に城を移される。表向きの石高は三十六万九千石。幕府の許可もなく、現在の県庁所在地の山口に政庁を勝手に移転するのは、ひそかに倒幕をきめた文久《ぶんきゅう》三年（一八六三）のことである。瀬戸内海の陽光うららかな場所こそ、もともと毛利家の治めた場所だったからである。

石高は少ないとはいえ、海産物、俵ものといった特産品はコメの収穫とは算定されないわけで、長州藩にとっては貴重な現金収入である。実質の石高は七十万石以上の収入があった。琉球《りゅうきゅう》との貿易で豊かだった薩摩と同様、長州にも軍資金はあった。

## シナ人の無気力に憤慨した「エリート」高杉晋作

奇兵隊《きへいたい》が結成されたのは文久三年六月。長州藩が幕府に黙って山口に政庁を開いて二カ月後のこと。創設地は下関の白石正一郎《しょういちろう》の邸宅だった。

「家臣団以外から兵を募るという着想は、高杉の奇兵隊以前からあ」り、「周布《すふ》政之助が、民兵の創設を早くから説いている」(村松剛『醒めた炎　上巻』)。

高杉は儒学を通して抱いた「眠れる獅子《しし》」というシナへの錯覚が強迫観念のように頭にこびりついており、上海で接したシナ人に愛国という概念がなく、欧米列強の植民地主義に挑戦しようという民族的精神が稀薄《きはく》な事態に衝撃を受けた。

平田篤胤《あつたね》、本居宣長《もとおりのりなが》の国学に源流を持つ吉田松陰の松下村塾優等生として育った高杉には、シナ人の覇気《はき》のなさは許せなかった。

上海から帰国した高杉を待っていたのは公武合体論を捨て去り、過激な攘夷路線を突っ走るという長州藩の世界情勢をしらぬ政治状況の急変だった。

松下村塾の朋友《ほうゆう》だった久坂玄瑞《くさかげんずい》らが京へのぼり過激な攘夷運動を推進していた。高杉は

下関市長府松小田に移築されている白石正一郎邸

国際情勢を肌で感じていたため藩の路線についていけず、いきなり頭を丸めて隠遁《いんとん》生活に入る。西行《さいぎょう》法師にあやかって高杉晋作は自らを「東行《とうぎょう》」と号した（晋作の墓地は「東行庵」という）。

隠棲《いんせい》中、長州は外国船に砲撃をはじめ、欧米艦隊にこっぴどく反撃されて惨敗を喫する。そこで高杉が急遽《きゅうきょ》、藩主から呼び出され、軍備増強路線に従って民兵を募る方策が決まる。これが奇兵隊の始まりである。

　高杉が残した『奇兵隊日記』にいう。

「願わくば馬関のことは臣にまかせよ。臣に一策あり。乞う、有志の士を募り一隊を創立し、なつけて奇兵隊と言わん」

　すぐに藩主が許可し、高杉は馬を駆って下関へ韋駄天《いだてん》のように駆けつけ、初対面の商人、白石正一郎《しらいししょういちろう》にその場で軍資金を約束させて奇兵隊を創設した（隊名は藩の許可が下りるまで「有志隊」と言った）。このとき白石《しらいし》五十一歳、晋作は二十四歳。

　奈良本辰也説によると、高杉が駆けつける前、すでに正一郎と廉作《れんさく》・伝七《でんしち》の白石三兄弟は、外国船に敗北して潰走《かいそう》する藩士らを勇気づけ、時として応戦する志願兵だったらしい。

　白石が残した日誌によれば、白石の営む廻船問屋「小倉《こくら》屋」には月照《げっしょう》、平野国臣《くにおみ》、真木《まき》和泉《いずみ》、久坂玄瑞らの勤王派たちが身を寄せた。公家の中山忠光《ただみつ》、三条実美《さねとみ》、錦小路頼徳《にしきこうじよりのり》、女流歌人の野村望東尼《もとに》ら錚々《そうそう》たる歴史的人物が小倉屋に寄宿した。

奇兵隊の兵士たち

　白石の日誌からわかる白石邸来訪、宿泊者はさらに、木戸孝允《たかよし》、井上馨《かおる》、前原一誠、広沢真臣《さねおみ》、三浦悟楼《ごろう》、山田顕義《あきよし》、品川弥次郎、坂本龍馬、中岡慎太郎、谷干城《たてき》、吉村寅太郎、島津久光《ひさみつ》、大久保利通、田中新兵衛、有馬新七、海江田信義《かいえだのぶよし》、桐野利秋《としあき》など四百名前後にも及ぶ。
　西郷隆盛は白石を「穏和で清廉、実直な人物だ」と高く評価した。ちなみに正一郎の次弟・廉作は商売をほったらかしにして国事に奔走、石見《いわみ》銀山の挙兵に参加して志半ばに戦死した。末弟の伝七は後日、大庭《おおば》家の養子となり、尊皇攘夷運動に挺身し高杉と小倉城戦争に従軍した。兄弟三人が揃っての尊皇攘夷、このため商いは急激に傾き、最後には身上《しんしょう》をみごとにつぶし

白石正一郎の墓（東行庵）

た。

奇兵隊の創設総督は高杉だが、事実上の共同創立者が白石正一郎なのである。縁《えん》の下《した》の力持ち、名前も要らぬ、功業もいらぬという国学の教えを身をもって実践していた。

長州には奇兵隊のほか、「力士《りきし》隊」や「遊撃《ゆうげき》隊」など数十の雑兵《ぞうひょう》隊が雨後《うご》の竹の子のごとく生まれ、即席の軍事訓練を受け、やがて激しい前線で戦う間に、本物の武士より強靱な軍事組織に成長する。だが膨張《ぼうちょう》してゆく過程で高杉は隊の運営からは離れ、藩の外交や政務の重責を担うようになっている。

白石は初対面の高杉に惚れ込んで、その場で資金提供を承諾したというが、もしこの伝説が本当であり、太っ腹もこれほどの規模となると、元禄《げんろく》時代に吉原の茶屋遊びで散財した稀代《きだい》の豪商、紀伊国屋《きのくにや》文左衛門《ぶんざえもん》など霞《かす》む、霞む。

実際には白石正一郎の「小倉屋」は長州毛利の支藩である清末藩《きよすえはん》一万石出入りの御用商人にすぎず、高杉に恩を売ることにより、本藩と直接の商いを可能にしたいという打算も働いたと推測される。

以前から高杉に関して奇妙と考えて来たことがいくつかある。

第一に二十歳代の若造がなぜ藩の基本方針に介入したり、或いは時に隠遁生活を続けたりの奔放な生き方ができたのか。

第二に勝手に遊学したり、脱藩したり、藩の方針とは異なる行動を取っても高杉はなぜ切腹もさせられず、常に曖昧《あいまい》かつ寛大すぎる処分ばかりだったのか。

第三に藩の公金をときに私的に流用し、散財し、花街でどんちゃん騒ぎをやらかしてもなぜ不問《ふもん》に付《ふ》されたのか。

この謎は高杉家が毛利藩のなかの名家、それも「吉田以来」（南北朝の安芸国吉田庄以来）の直参《じきさん》であり、その名流の嫡男《ちゃくなん》であったがゆえだろう。白石正一郎が急接近し、忽《たちま》ちにして意気投合したのも、この高杉の「貴種《きしゅ》」（高貴な家柄の人物）への名状しがたい憧憬《しょうけい》が潜在したからではないのか。

したがって晋作の建白を藩主がたやすく聞き入れたり、公金横領にも目をつむる、暴走を黙認するということになったのである。

## 奇兵隊は、最後には愚連隊の様相を呈した

奇兵隊の最後も悲痛だった。

奇兵隊陣屋

往時、幕府軍から「鬼兵隊」と呼ばれたこともあったほどに怖れられ、高杉の手を離れても増殖に増殖を重ね、最盛期には五百人の規模に達した。

奇兵隊創立と同時に長州では山口に八幡隊、三《み》田尻《たじり》（防府）に遊撃隊、小郡《おごおり》に集義《しゅうぎ》隊、自力隊、狙撃隊、上関《かみのせき》の義勇隊などの諸隊が急遽《きゅうきょ》編成され、まさに「一旦緩急《かんきゅう》あれば義勇公《こう》に奉じる」様となった。

さらに動きは風雲急を告げた。

幕府が長州征伐を決意したあとには神官らの即席軍団・神祇《じんぎ》隊から力士隊、郷勇隊、市勇隊、金剛隊、来島《きじま》又兵衛が再編した強豪ぞろいの狙撃隊に至るまで、急ごしらえの諸隊が乱立し、競合して併存した。後日談をさきに書くと、これら諸隊の中でも第二次奇兵隊は戊辰戦争以後、高杉の創設時代の趣旨から大きく乖離《かいり》し、まるで「愚連隊《ぐれんたい》」の様相を呈した。

戊辰《ぼしん》戦争の論功行賞《ろんこうこうしょう》に不平をならし、恩賞が不服だと藩主のいる山口政庁を砲撃するなどの暴挙を繰り返したため、最後には百三十三名が切腹に処せられる。

山口政庁（藩庁）に浴びせた砲弾の数は、最後まで新政府に抵抗した榎本武揚《たけあき》が立てこもる函館五稜郭《ごりようかく》に官軍が浴びせた弾丸より多かった。

ことほど左様に荒れていたのである。だから維新後しばし高杉晋作への評価は極めて低く批判の対象ですらあった。

東行庵

東行庵の敷地内にある高杉晋作の墓

長州は幕府に恭順《きょうじゅん》の意を示したり、長々と言い訳しながら交渉を引き延ばした。この間に山口政庁執行部は「俗論派」（幕府恭順派）になったり「正義派」（倒幕派）になったり、路線が凸凹と変幻きわまりなく、過激な内ゲバは凄惨な殺《さつ》戮《りく》、同士討ちという悲劇を招く。そのたびに高杉らは逃亡を余儀なくされた。

ある時、高杉は政争を逃れ、過激派の襲撃を避けるため下関《しものせき》の花街《はなまち》に身を隠した。白石正一郎《しょういちろう》の豪商仲間のひとり入江和助が、高杉が一目惚れした芸者を身請《みう》けし、なんと高杉の隠れ家に住まわせて世話をさせる。

入江は酢の製造で財をなした。このときの芸者が高杉の権妻《ごんさい》（愛妾）となるおうのである。高杉を慕い、尊敬し、晋作の没後は墓を守るために剃髪《ていはつ》して高杉の墓所「東行庵《とうぎょうあん》」に住んだ。その律儀さは龍馬暗殺後、再婚したおりょうとは違う。おうのの墓は晋作の墓近くにちゃんと建てられた。

慶応三年（一八六七）四月、高杉は下関で永眠した。それも畳の上で。遺骸は下関吉田村へ運ばれ、葬儀を白石正一郎がとり仕切った。そこが東行庵となった。

墓石の裏側には「谷潜蔵《たにせんぞう》　源　春風《みなもとのはるかぜ》　号東行《とうぎょう》」とある。谷姓は高杉家をかたちの上で絶縁された晋作の晩年の公式の名である。谷家が立てられ、百六十石取り。その谷家はおうのが継いだ。こういう智恵は幕末維新特有のものだが、長州藩がいかに高く高杉晋作をかっていたかの証拠でもある。

## 不平士族の相次ぐ反乱で伊藤博文ら次世代が抬頭

薩長土肥《さっちょうどひ》の寄り合い世帯。新政府は基盤が弱く明治四年の廃藩置県で失業した武士は二百万人、その不満はたちまち全国に充満していった。

たまさか起こった征韓論をめぐる政府内の対立による「明治六年政変」で、維新の元勲・西郷隆盛は下野、失意のうちに鹿児島へ帰った。薩摩の桐野利秋《としあき》、篠原国幹《くにもと》ら洋学派と呼ばれる有為なひとびとも西郷にしたがった。

新政府は大久保利通、木戸孝允を基軸に明治天皇を戴《いただ》き、岩倉具視《ともみ》らとともに主導権を握った。しかし不平武士の滾《たぎ》る不満は全土に燃え拡がり、これを政治的に封じ込めることは不可能となった。

不平武士の最初の反乱は明治七年（一八七四）に佐賀で起きた「佐賀の乱」である。江藤新平《しんぺい》司法卿は佐賀の旧士族を率いて戦うが官軍にあっけなく殲滅《せんめつ》された。佐賀城跡の門には当時の弾痕がいまも残り、佐賀の乱の銃撃戦の凄まじさを偲《しの》ばせる。江藤は薩摩に逃れて西郷を頼った。

「西郷さん、一緒に立とう」と薩摩の鰻《うなぎ》温泉（砂風呂で有名な指宿《いぶすき》温泉より南）にまで逃げてきた江藤新平に西郷は「味方を捨てて逃げてきた男には与《くみ》しない」と冷たく応対し、江藤は仕方なく土佐の板垣退助《いたがきたいすけ》をたよるが、密航の途中で捕縛《ほばく》され、裁判で斬首に処せられる。これは不平士族の反乱の序曲だった。

熊本の士族「神風連《しんぷうれん》」が新政府の方針に反対して明治九年の秋、武力決起した。これに呼応して福岡県で秋月《あきづき》藩士を中心とした「秋月《あきづき》の乱《らん》」、次いで山口県で前原一誠《いっせい》らによる「萩《はぎ》の乱《らん》」が起こり、これらが明治十年（一八七七）の西南戦争の導火線となった。

「萩の乱」は明治九年十月二十七日、熊本の「神風連の乱」に呼応する形で元参議の前原一誠ら二百名が引き起こした不平士族の反乱だった。

前原は熊本の決起を聞くやいなや旧藩校明倫館《めいりんかん》に同志を集め、十月二十六日に県庁を襲撃することにし、徳山の同志らにも決起の使いを送った。しかし仲間内に政府のスパイが潜り込んでいて密告があり、県庁側が準備万端で待ち構えていたため、前原は方針を転換。天皇に直訴《じきそ》するため山陰道を東上しようとしたが、萩市内で市街戦になってしまう。

江藤新平

佐賀城鯱の門。戦闘により被弾した門扉は現在もそのまま残されている

佐賀の乱慰霊碑。佐賀市水ヶ江にある。地元有志によって大正年間に建立された

散発的な戦闘が十一月六日まで続いた。彼我の兵力格差は歴然としており、前原は別行動をとって萩港から船で東京へ向かおうとした。ところが悪天候で出雲港へ停泊中に官憲に拘束されてしまう。同年十二月三日、首謀者として前原一誠は斬首に処せられた。

前原一誠は「維新十傑」に入る逸材だった。松下村塾の出身で高杉晋作、久坂玄蕃《くさかげんずい》と並ぶ「松下村塾の三傑」と呼ばれたほど文武両道にすぐれ、維新政府では参議であった。

萩に生まれ、前原氏を相続。遠祖は尼子《あまこ》の十勇士といわれた米原綱寛《よねばらつなひろ》。尼子は毛利に侵略されるまで山陰の覇者であり、忠臣・山中鹿之助《しかのすけ》などは尼子家再興に動き、秀吉に与《くみ》したことでも知られる。

前原一誠は安政《あんせい》四年（一八五七）に松下村塾に入り、のちに長崎で洋学を修めた。文久《ぶんきゅう》二年（一八六二）に脱藩し、久坂玄瑞とともに、藩の重役・長井雅楽《うた》暗殺を企てたが失敗。翌年、高杉晋作と下関に挙兵し、干城《かんじょう》隊（奇兵隊と同様の軍事組織）の頭目となった。長州征伐では小倉戦線で参謀をつとめたほど軍事にも通じていた。戊辰戦争では北越戦争に出向き、長岡、会津の戦闘で戦功あって維新後に越後府判事、参議から兵部大輔《ひょうぶたいふ》（国防大臣格）となったが、国民皆兵制度導入に反対し、重鎮《じゅうちん》木戸孝允と対立して政府を去った。

このパターンは大久保利通と対立して法務卿を辞した江藤新平に似ている。

つまり江藤には大久保への激しい怨念が、前原には木戸への怨念が宿痾《しゅくあ》の如く心底に沈潜していたのだ。木戸は西南戦争の最中に病没し、大久保は西南戦争の翌年に暗殺された。

高杉晋作（中央）亡き後、次世代を担った伊藤博文（右）

明治九年十月二十九日。「萩の乱」勃発を電報で知った前原の同志、永岡久茂《ひさしげ》ら旧会津藩士ほか十四名は最終目標を会津奪還において挙兵しようと図った。前原の決起に即座に呼応しようと永岡らは千葉県庁襲撃を計画したが、事前に露見した。

彼らは東京の思案橋から千葉に向けて出航する間際だった。挙動不審を疑われ駆け付けた警官隊と乱闘となり、永岡らはその場で逮捕拘束され、逃走した者も、中根米七《よねしち》を除いて逮捕された（これを「思案橋事件」という）。

首謀者の永岡は乱闘で負った傷のため翌明治十年一月に獄中で死んだ。裁判では井口慎次郎、中原成業、竹村俊秀の会津藩士三名が斬首。この結果を知らされた中根は明治十一年に会津北方の喜多方《きたかた》の寺院境内で切腹して同志を追った。

思案橋事件は未遂に終わったが、最初の決起目的は千葉県庁を襲撃し県令を血祭りにあげたあと、千葉県佐倉の東京鎮台《ちんだい》歩兵第二連隊を説得し日光街道から会津若松を襲って神風連、萩の乱、秋月の乱と呼応する全国規模の内乱への導火線になることだった。

松下村塾の塾頭だった玉木文之進《ぶんのしん》は、「萩の乱」に養子の玉木正誼《まさよし》（乃木希典《まれすけ》の弟）や前原一誠ら塾生が多く参画したため、その責任をとって切腹した。

維新の原動力となった長州も、こうして高杉晋作病死の後、過激な自爆行為により前原を失い、ついで維新の立役者だった木戸孝允も早世して人材が払底《ふってい》し、伊藤博文、山縣有朋《やまがたありとも》ら次世代が政治の中枢へ躍り出す時代を迎える。

## 三島由紀夫の決起につながった神風連の乱

「神風連《しんぷうれん》の乱」を克明に描いた歴史書、論考はいくつもあるが、精緻《せいち》を極めての歴史実証風なノンフィクションは荒木精之《せいし》の作品群だ。

ほかに渡辺京二、徳富蘇峰《そほう》、森本忠、福本日南《にちなん》らが随筆風に活写したが、文学作品では三島由紀夫『奔馬《ほんば》』に作中作として神風連の顛末《てんまつ》が延々と綴られているのが圧巻中の圧巻だ。

神風連の乱が飯沼勲（『奔馬』の主人公でテロリスト）の財閥暗殺への引き金となる設定である。三島は神風連を高く評価して、熊本行きの折に綿密な取材を行っている。

明治九年（一八七六）十月二十四日深夜、熊本の士族が結成した「敬神党《けいしんとう》」（神風連）は各隊に分かれて、熊本鎮台《ちんだい》司令官の種田政明《まさあき》宅、熊本県令・安岡良亮《りょうすけ》宅を襲撃し、種田・

安岡ほか県庁役人四名を殺害するという直接行動にでた。

その後、政府軍の熊本鎮台（熊本城内）を襲撃し、城内にいた兵士らを次々と制圧し砲兵営を奪取した。しかし翌朝はやくも児玉源太郎《げんたろう》ら将校が駆けつけて政府軍の態勢を立て直し、反撃を開始したため、鉄砲のない攻撃側は瞬《また》く間に劣勢となり、首謀者の加屋霽《かやはる》堅《かた》・斎藤求三郎らは銃撃を受けて死亡、太田黒伴雄《おおたぐろともお》も銃撃を受けて重傷を負い自刃《じじん》した。彼らの私心のない行為が昭和四十五年（一九七〇年）の三島由紀夫決起につながっている。すなわち三島はスピーカーを使わず地声で、檄文《げきぶん》もコピー機を使わずにすべて手書き、武器は日本刀だった。

太田黒、加屋という双璧の指導者を失って敬神党の反政府行動は突如失速、熊本鎮台から退却し、その後、多くが自刃して果てた。死者と自刃者は百二十四名を数えるに及んだ。敬神党の反乱は「神風連の乱」と後に歴史家から名付けられたが、秩禄《ちつろく》処分（俸給支払い廃止）や廃刀令により、明治政府への不満を爆発させた士族反乱の先駆けとなった。直後に秋月の乱、萩の乱、翌年の西南戦争へとつながった。

敬神党というのは旧肥後《ひご》藩士らの三大派閥の一つ、もともとは熊本勤皇党《きんのうとう》の一派である。

肥後藩では教育論争などで三つの派閥に分かれ、藩校での朱子学教育を中心とする学校党、横井小楠《こなん》らが提唱した教育と政治の結びつきを重視する実学党、林桜園《おうえん》を祖とする国学・神道を基本にする勤皇党（河上彦斎《げんさい》・宮部鼎蔵《ていぞう》ら）が存在した。なかでも河上彦斉などは佐久間象山暗殺の主犯格とみなされ、過激な尊皇攘夷が基盤である。横井小楠もまた後年暗殺された。

神風連の参加者は神道への帰依《きえ》が深く、敬神党には神職が多い特徴がある。とくに大田黒伴雄は、新開大神宮《しんかいだいじんぐう》で「宇気比《うけひ》」と呼ばれる誓約祈禱《せいやくきとう》を行ってからその神託にしたがって挙兵した。いま神風連資料館が熊本大学に近い桜山神社の境内にあって、百二十四名の墓が整然と並んでいる。この集団墓地には敬神党に大きな影響を与えた肥後国学の開祖・林桜園を中軸に加屋、大田黒らが左右に、そして百二十四名が整列するかのように、凜《りん》として揃い、参詣者の涙を誘う。

## 歴史の片隅に追いやられた秋月の乱

「秋月《あきづき》の乱」は熊本神風連にすぐさま呼応し、明治九年十月二十七日に起こった。しかし秋月の乱に関しては萩の乱や神風連の乱ほどには知られていないのは何故か？

秋月は現在、福岡県朝倉《あさくら》市に編入されているが、秋月城跡、藩校跡、武家屋敷跡、家老邸などが保存されていて、城跡前の長い桜並木道が地元では有名である。花見の客は列をなすほど、また武家屋敷の風情を楽しもうとする観光客の多いところである。

数年ほど前、「秋月の乱」の調査を目的としたわけではなかったが、佐賀で講演した翌日、地元の歴史ファンらが案内してくれた。秋月の乱は佐賀の乱からはじまった旧士族の反乱の一つではあるものの、有名な萩の乱、神風連の乱、西南戦争に比べると、この秋月の乱は歴史の片隅に追いやられている。たとえば会津藩の白虎隊《びゃっこたい》は有名だが、二本松藩《にほんまつ》（現・福島県二本松市）の二本松少年隊の悲劇は知られていないように。また前項でも述べた「萩の乱」に連動した思案橋事件はなおさら知られていない。たぶん、これというヒーローが不在で小説になりにくいのかもしれない。

「筑前《ちくぜん》の小京都」と呼ばれる秋月城下町を目指した。

途中、ハイウェイは鳥栖《とす》市と久留米《くるめ》市の郊外をかすめる。秋月藩は、黒田官兵衛《かんべえ》が拓《ひら》いた福岡黒田藩の支藩で、五万石。現在の行政区分は朝倉市。外国人観光客が意外に多い理由は江戸時代の風情が濃厚に残るからだろうと思われる。

鬱蒼《うっそう》と木々が深い古処山城《こしょさんじょう》跡は秋月氏の本拠地。本城の敷地内には柘植《つげ》の原始林が残る。黒門を経て歩いていくと長屋門にぶつかる。むかしの馬場裏門らしいが、時代劇をみているような浪漫の風情があり、前の道路沿いは桜並木、秋月郷土館への道には土産物屋や甘味処、その道を降りていくと武家屋敷が数軒のこっている。

武家屋敷の一つ、「久野邸」に入る。意外や敷地は六百坪以上で庭も手入れが行き届いている。窓口で「これほどの構え、家老の家だったのですか?」と訊くと、「家老格で、黒田藩の上級直参《じきさん》武士だった」由。久光《ひさみつ》製薬創業者の母親の生家でもあるという。

秋月藩は戦国から近世にかけて秋月氏が治め、三十六万石もあった。しかし秀吉に敗れた秋月氏は日向《ひゅうが》に移封《いほう》され、江戸初期に黒田官兵衛、長政の親子が入った（拙著『黒田官兵衛の情報学《インテリジエンス》』晋遊舎新書を参照）。

さて秋月の乱は西南戦争の四カ月前、熊本神風連の乱に刺激されたかのように宮崎車之《しゃの》助《すけ》、今村百八郎《ひゃくはちろう》、戸波半九郎らが「秋月党」を結成、四百名の不満旧士族が反乱を起こした。これに応戦したのが乃木希典《まれすけ》らが守っていた小倉《こくら》鎮台の官軍兵だった。秋月の乱そのものは大失敗、小倉鎮台を中心とする官軍にさんざんに叩かれて退却し、十月末に解散となる。

仮名垣魯文『西南鎮静録 續編上』に描かれた秋月の乱

わずか四日の乱で、首謀者は即日斬首《ざんしゅ》。およそ百五十名の決起参加者も懲役刑がくだされた。

こうした出来事が積み重なり幾重にも織り重なって、明治十年、西南戦争という日本史上に残る破天荒な内戦が勃発した。

# 西南戦争は歴史の美を求めた桐野利秋の戦争だった

西郷隆盛命《さいごうたかもりのみこと》を祀《まつ》る南洲《なんしゅう》神社は鹿児島市内の高台にあって西郷墓地に隣接し、錦江湾《きんこうわん》をどっかと見下ろしている。

墓地の陣形をみてぞっとした。鬼気迫る悽愴《せいそう》な雰囲気が漂っているのだ。

南州墓地の構造的な陣形（墓揃え）は恰《あたか》も西南戦争の西郷軍の布陣。中央にある西郷の墓の右に桐野利秋《としあき》、永山盛弘、池上《いけのうえ》貞固、辺見十郎太《へんみじゅうろうた》。左が篠原国幹《くにもと》、村田新八、淵辺《ふちべ》高照《たかてる》、別府晋介らと続き、全体では烈士七百四十九体が眠る大きな墓園になっている。その隣には西郷南洲顕彰館がある。

彼らは敗北必至であるにもかかわらず、新政府に「尋ねたきこと之《これ》有り」とした西郷の気迫、その精神に揺り動かされ自ら死地に赴《おもむ》いた。後世の歴史に「その刻印」を、すなわち正気《せいき》を伝えるために散ったのだ。

この精神を戦後日本人は理解できないでいる。信じられないことに敗戦直後のGHQ史観がまだ残存し、朝日新聞、岩波文庫ラインを継承するかのような左派の西南戦争研究家らは「西南戦争には大義がない」などと平然と嘯《うそぶ》くのである。

西郷隆盛は私学校《しがっこう》の生徒らが弾薬庫を襲ったとき、鹿児島に不在であり、野良着をきて愛犬とともに近郊の山麓にあった。西郷は暴発した生徒らとは無関係であると主張すれば乱には至らなかった。

立ち上がったのは桐野利秋である。

極論すれば「西南戦争とは桐野の戦争だった」かもしれないのだ。「男にはやらねばならないことがある」とする桐野の目的は西郷を担ぎ出して、歴史における正論を鮮明に後世に記憶させることにあった。合理主義や科学で西南戦争の意義を説くなど賢《さか》しらな歴史家の言はあまりにも現代的解釈でしかない。

日本の悠久《ゆうきゅう》の歴史の美を求めて散華《さんげ》したのである。

この仮説を裏付けるのは西郷がとった戦争中の動きである。つまり西郷にはつねに二百人の警備がいたが、西郷自身は一度も戦闘に参加していない。そればかりか熊本の人吉《ひとよし》、宮崎の小林への逃避行でも軍議には積極的に参加しておらず、宮崎での二カ月はこどもと遊んだりしている。そして同じく宮崎の延岡《のべおか》ではじめて軍服姿で皆の前に出てきたときは撤収《てっしゅう》、解散を宣言したうえ軍服を燃やした。

最後まで戦うと申し出た二百数十名と可愛岳《えのたけ》

桐野利秋

西郷軍を討つために横浜港から発つ帝国陸軍（1877年。英国紙Illustrated London Newsに掲載されたもの）

を越えて、けものみちを城山へ帰るのである。終始、方針の決定は桐野にあった。

官軍側に勝つ蓋然性《がいぜんせい》は薄いとはいえ、なによりも民衆が西郷軍に味方していた。

軍費不足を西郷札《さいごうさつ》（軍票《ぐんぴょう》・疑似《ぎじ》紙幣）を印刷して物資を調達したときも、商人ばかりか付近の農家が西郷札を抵抗なく受け取った。しかし政府軍は豊富な軍資金と軍備を背景に熊本の八《やつ》代《しろ》から上陸して西郷軍の兵站《へいたん》を背後から絶ち、小倉《こくら》からは支援部隊が駆け付け、田原坂《たばるざか》の激戦ではやくも西郷軍の敗北はみえていた。田原坂では西郷の右腕だった篠原国幹、西郷小兵衛《こへえ》らが戦死した。

火力の差は明らかだった。けれども政府軍は簡単に西郷軍を砕けなかった。優秀な火力をもってしても西郷軍の抜刀隊《ばっとうたい》の鬼神《きじん》を驚かすほどの殺気《さっき》に怖《お》じ気《け》づいたのだ。

西南の役の全体像を俯瞰《ふかん》すれば、官軍は小倉と熊本以北をおさえていたものの豊後《ぶんご》は中津以南から日向の全て、熊本も八代は押さえたが山間部の人吉以南から鹿児島にかけては西郷軍の拠点だった。

西郷隆盛の墓

朝敵《ちょうてき》と位置づけて殲滅《せんめつ》をめざす新政府に正統性があるかどうかは不問に付すとしても、東京にいた薩摩出身者は西郷討伐軍に加わることを潔《いさぎよ》しとせず、結局は「戊辰《ぼしん》の敵《かたき》を討つ」と大挙して警視庁にくわわった旧会津藩士らの合流があって軍略が成立したのだ。

官軍は辛勝するが、その西郷軍への精神的負い目を覆《くつがえ》すことは不可能だった。

「賊軍をおのれの鏡とした。この倒錯した感情こそ、勝利は敗北のイロニィであることをあらはしてゐる」（桶谷秀昭『草花の匂ふ国家』文藝春秋）。

# 第五章

# 日清・日露戦争から大東亜戦争・新冷戦まで

「大東亜戦争」はペリー来航前夜から始まった「百年戦争」だった。
米中の「歴史の罠」に陥没した日本。だが最後に笑うのは習近平ではない。

## 大東亜戦争は「百年戦争」だった

大東亜戦争へ至るまでの歴史を家永三郎ら左翼学者のように「十五年戦争」などと短絡的近視眼で総括すると、歴史を根底的に見誤る。これは「百年戦争」だったのだから。嘉永《かえい》六年（一八五三）ペリーの黒船来航前夜から日米戦争は事実上開始されていた。

幕末に日本にやってきてつぶさに日本を観察し旅行記を書いたアメリカ人がいる。帰国後、売れっ子の講師となって全米を駆けまわった。日本の実情はアメリカ人の思考回路のなかにしっかりと組み込まれた。

ゴールドラッシュに沸き立ったカリフォルニアに忽《たちま》ちにして一攫千金《いっかくせんきん》を夢見る荒くれ山賊、山師のたぐいが蝟集《いしゅう》した。金鉱探査よりも、その労働者へモノを売ることで大儲《おおもう》けした目端のきく商人がいた。シナとの苦力《クーリー》貿易（労働力売買）でしこたま財をなして政治権力を手にしたのが、ルーズベルト一族だった。

フロンティアが北米大陸の西端で行き着くところまで行ってしまったので、米国はパナマ運河を開削《かいさく》し、また、のんびりした王様をだまして詐欺師のような手口でまんまとハワイを併合した。パナマにしても独立運動なるものをでっち上げて、コロンビアからパナマ地域をだまし取った。その凄まじい外交の裏面史を、戦後の日本のアメリカ研究者は閑《かん》却《きゃく》した。だから髙山正之の本（『日本人よ、強《したた》かになれ』ワック、その他）を読むまでは知らなかった人が多い。

北米大陸内部においても先住民族のインディアンを殺戮《さつりく》し、あるいは従順な部族を飼い慣らして、言葉を取り上げキリスト教に改宗させた。ニューメキシコ州などに残るインディアン集落跡には巨大な神殿などの遺跡が残り、伝統を守る少数の人々がいるが、彼らは日本人とみると「あなたたちは民族の言葉を喋《しゃべ》っているのか」と聞き、そうだと答えると感動する。文化の根源である言語も、彼らは奪われたからだ。

スペインを騙して戦争を仕掛けフィリピン領有、そしてシナとの交易の利権を得るために日本との戦争は避けられないという情勢をアメリカは作り出した。日米関係だけでなく、世界に視野を広げて全体を俯瞰《ふかん》しなければ正しい歴史の見方は出来ないのである。

セオドル・ルーズベルト（FDRとは別人）は歴史の教訓から鮮明に、そして自覚的に未来の日米戦争の予兆をひしひしと感じていた。やがて西へ西へと向かったアメリカはサンフランシスコを拠点に無法者が集結し、メキシコから広大な領土を巻き上げた。これが「西部開拓」の実態である。アラスカをロシアから購入したのも、この前後だった（一八六七年）。

一九〇二年の「日英同盟」を米国は警戒した。日本とロシアとの急接近などは米国をますます刺激した。自由貿易vs保護主義の枠組みをこえ、西部開拓を正当化するマニフェスト・デスティニィ（「明白な使命」）を提唱したアメリカ人の意気は海外熱へと凝縮する。

アングロサクソンに白人の優位性という潜在的な差別意識が生まれ、アメリカ的プリズムのなかで、拡大し歪曲されていった。それは「いまのうちに叩《たた》いて日本の芽を摘《つ》んでおこう」という欲求である。

幕末における日本人との接触はアメリカ人にとって最初から一種の脅威だった。

すでにペリー以前に冒険家らが日本にきて、その独自の文明の崇高さ、清潔さ、美しさ、倫理性の高さと教養、インフラ整備、武士の教養の高さ、そして死を恐れぬ勇気を知っていた。それらは彼らとは別世界のものだった。シナ人とこうも日本人は異なるということも知っていた。長崎の出島を通して欧州に日本の情報は集まっていたうえ、シーボルトが持ち帰った地図もあった。日本人の軍事力向上の脅威をひしひしと感じるのがハワイを併合するあたりからのアメリカ人政治家、ジャーナリストらの認識となっていた。

シナはあくまでもアメリカにとって将来の市場だった。

やがて日米外交の友好ムードは沈下し、険悪な空

1907年、バージニア州ハンプトンローズを出港する「白い艦隊」（グレート・ホワイト・フリート）。世界中、とりわけ日露戦争に勝利直後の日本に対してアメリカの海軍力を誇示することが世界一周航海の主な目的だった

気が日露戦争直後に表面化する。

だが米国は「日米友好ムード」の演出を巧妙に続けた。十六隻からなる米国海軍の戦艦を「白い艦隊」として日本に親善訪問させる。スペインとの海戦で、狭い湾内にスペイン艦隊を閉じこめた米海軍は、無敵艦隊を撃破した。後の日本海海戦の作戦参謀、秋山真之《さねゆき》は駐在武官として現場でこれを見ていた。

アメリカにはスペイン艦隊になしたように日本を封じ込める目的があった。したがって米海軍の日本訪問は、逆に「飛んで火に入る夏の虫」だった。その気になれば日本は米国艦隊を殲滅《せんめつ》することもできたのである。

それだけに米国は攻撃を恐れていたが、いやはや日本は朝野《ちょうや》をあげて歓迎する有様だった。直前まで日露戦争終結におけるポーツマス条約を仲介した米国に不満をならし、その米国の不実を非難してきた日本が、米国の艦隊を歓待したのだ。

三十年後、日米は本格的戦争に突入したが、これは避けられない宿命だった。

## 乃木大将は愚将ではない

毀誉褒貶《きよほうへん》の人だと評論家が言うけれども、乃木希典《のぎまれすけ》を悪く言ったのは司馬遼太郎くらいである。日本人の多くは、乃木将軍を尊敬している。

神社総代会編『かたくなにみやびたるひと　乃木希典』（展転社）は「雅《みや》び」の意味を「宮び」に求めた。

三島由紀夫の恩師、国文学者の清水文雄は、マレーシアのジョホール・バルで自決した国文学者にして陸軍中尉・蓮田善明《はすだぜんめい》を評して「みやびが敵を討つ」の譬喩《ひゆ》に溯《さかのぼ》る。清水と蓮田がのちの三島由紀夫に甚大な影響をあたえた。

「みやび」とは「天皇神の御心と手ぶり」、つまり「みやびは国民の心に浸み透って血肉となって生きている」とする。

乃木希典

乃木が生涯、手放さなかった二冊の書物がある。

山鹿素行《やまがそこう》の『中朝《ちゅうちょう》事実《じじつ》』と吉田松陰の『孫子評註』である。この二冊ともに乃木は自費で出版し、天皇陛下にも内献し、のちの海軍大学校では教材として取り上げた。

前章でも触れた『中朝事実』は山鹿素行が赤穂藩流謫《るたく》中に書かれた、思想学問の集大成だ。

神社総代会編の前掲書が次を続ける。

「（山鹿素行は）古来支那が中華と自称してきたが、日本こそ、文化的にも政治的にも中華と呼ばれる存在であり、そのことは、『日本書紀』『古語拾遺《しゅうい》』『職原抄《しょくげんしょう》』などの古典に明記されていると主張し、それを展開論証した」

明治四十一年五月に「乃木は、自費で『中朝事実』を六百三十部活版印刷しています」。そして、乃木の同年七月七日の『日記』には「両陛下へ中朝事実内献、引きつづき、北白川閑院有栖川《ありすがわ》各宮ニ内献スと誌されています」とある。

乃木は二十二歳の若さで少佐に抜擢《ばってき》されているが、吉田松陰の恩師、玉木文之進《ぶんのしん》の直弟子《じきでし》であり、時期がちょっとずれたため松陰の謦咳《けいがい》に直接触れたことはなかった。しかし『孫子評註』に学んで、大いに触発された。

乃木の座右《ざゆう》の書とも言えるこれらの書物は戦後顧《かえり》みられなかったが、『中朝事実』は中央公論の『日本の名書』シリーズと岩波の『日本思想体系』シリーズに入っており、『孫子評註』は『吉田松陰全集　第五巻』に収録されていて閲覧が可能だ。

乃木は長州藩の下級武士の倅《せがれ》である。

吉田松陰は兵学に優れ、先師と仰ぎ見たのは山鹿素行である。したがって素行の『中朝事実』は松陰の座右の書であった。軍学者として当然参考にした孫子を克明に読解し、評論を加えたのが松陰の『孫子評註』である。

乃木希典は、この二冊を生涯手放さず、そして明治天皇に殉《じゅん》じた。乃木は軍人の前に思想家でもあった。

## 「義和団事件」の危機を救って世界から感謝された日本軍人・柴五郎

清《しん》末の北京は無政府状態で争乱の巷《ちまた》と化していた。治安は最悪。強盗・殺人、外国人襲撃、放火などの犯罪、義和団《ぎわだん》というカルト的な排外主義集団と匪賊《ひぞく》が跳梁跋扈《ちょうりょうばっこ》していた。そうした状況の北京で、欧米人から神のごとき尊敬をあつめた日本軍人がいた。柴《しば》五郎である。

柴五郎

会津藩出身の柴五郎は、戊辰《ぼしん》戦争にやぶれて祖母、母、兄嫁、姉妹が自決し、下北半島の貧困地域・斗南《となみ》に強制移住させられ、渓谷のボロ小屋で育つという悲惨な境遇にあった。それでも刻苦勉励《こっくべんれい》して陸軍幼年学校に入る。同期には「日本騎兵の父」といわれる秋山好古《よしふる》がいた。陸軍のシナ通として知られるように

北京に駆け付けた日本の陸海戦隊は目覚ましい働きをした

同胞を救出すべく紫禁城に集結した連合軍

なり、米西戦争（一八九八）では米国からキューバへ赴き秋山と観戦。その戦争の技術、作戦を習得した。

　陸軍中佐としてシナに赴任し、大使館の防備につとめる傍ら、間諜《かんちょう》を組織化し、諸外国大使館との間に連絡網を構築した。

　明治三十三年（一九〇〇）、義和団の狂気の反乱がおこり、外国人襲撃に北京の大使館街は孤立した（義和団事件）。柴は天津から駆けつけた日本軍を率いて義和団の暴挙から多くの人々を救い出した。同じ北京駐在の外国武官らは柴の指揮、リーダーシップに驚嘆した。のちにこの事件を題材にした『北京の五十五日』というハリウッド映画で柴五郎中佐を演じたのは伊丹十三だった。この映画で日本軍人の活躍が後世の人々にも知られるようになった。

柴中佐に救われた外国人は一斉に日本の軍人を賞賛した。とくにロンドンタイムズが柴五郎を激賛したため後年の日英同盟の伏線となったとまで言われた。

昭和五年、柴五郎は陸軍大将として退役したが、昭和二十年の敗戦に際して八十五歳の老齢をものともせずに切腹を試み、その傷と衰弱が原因となって他界した。こういう武人がいたのである。

なぜ柴五郎のような特異な軍人がでたのか。それは会津藩という特殊な、異様なパワーを秘めた藩の事情を知らないと解けない謎である。藩祖は保科正之《ほしなまさゆき》。二代将軍徳川秀忠《ひでただ》の庶子《しょし》である。異母弟の三代将軍家光《いえみつ》に引き立てられ抜擢《ばってき》されて、以後、四代家綱《いえつな》の時代まで将軍家を輔佐《ほさ》し、事実上の日本の宰相《さいしょう》として四半世紀にわたって幕府を切り盛りした。

徳川への恩顧、忠誠、至誠が、松平姓を賜って以来、会津の基本の掟となった。だから幕末に京都守護職などという誰も引き受けない難役を、松平容保《かたもり》は引き受けざるを得なくなるのだ。

それでなくとも藩校の日新館《にっしんかん》では質実剛健《しつじつごうけん》を教育の柱に論語、朱子学を教え、武道の稽《けい》古《こ》も他藩と比べて激しい。女性も長刀《なぎなた》の稽古に励んだ。山本八重《やえ》のような女鉄砲撃ちもいた。戊辰戦争を最後まで戦う意地があった。新撰組は、京都守護職を務めた会津藩主・松平容保の預かりという浪人組である。

しかし新政府軍との戦いで多くの犠牲を出し、落城、降伏したあとに会津藩を待ち受けていたのは厳寒の下北半島斗南藩《となみ》への転封《てんぽう》という名の報復的集団左遷だった。道中でも何人かが行き倒れ、着いた先は穀物も育たない痩せた土地、相当数の餓死者もでた。それでも会津の人々は歯を食いしばって耐えた。こんな境遇で育ったからこそ、柴五郎に代表される会津の軍人は強かったのである。

## 法螺吹きの自称「革命家」孫文に身を捧げた日本人志士の悲劇

孫文は中華民国の「国父」として尊敬され、歴代皇帝並みの御陵（中山稜《ちゅうざん》）まで南京に作られている。

泉下《せんか》の孫文自身が「え、俺ってそんなに偉いの？」と不思議がっているのではないか。法螺《ほら》吹き孫文は英語が流暢《りゅうちょう》なため欧米で革命の元締めと過大評価された。これが孫文の幸運の始まりだった。

日本の大陸浪人というのは人を疑うことを知らない善人ばかりだ。せっせとカネをかき集めて孫文に貢いだ。やや冷淡にみていたのは内田良平くらいだった。宮崎滔天《とうてん》と宮崎三兄弟（滔天の兄、八郎・民蔵《たみぞう》・彌蔵《やぞう》）は、自分の人生を犠牲にしてまで、孫文のために人生を賭けた。

集まってきたカネのうち、孫文はちょっとだけ革命の資金に回し、のこりは愛妾《あいしょう》たちのために費消した。ある意味、革命を騙《かた》って豪遊し、日本を利用し最後は裏切ってソ連についた。

戊戌《ぼじゅつ》の政変で清朝の女帝・西太后《せいたいこう》から睨《にら》まれた梁啓超《りょうけいちょう》は日本に亡命していた。隠れ家を訪ねてきた孫文をテロリストと疑い、会おうともしなかった。辛亥《しんがい》革命（一九一一～一二）を軍事的に導いたのは黄興《こうこう》であり、彼は西郷隆盛を尊敬していた。日本人史家はこの黄興のことをもう少し勉強する必要があるのではないか。

大正2年（1913）、革命成功のお礼のため熊本県荒尾市の宮崎民蔵家を来訪した孫文（中央左側の背広姿）。孫文の右隣の着物姿は宮崎滔天。後ろは宮崎兄弟の生家

孫文を信じ、辛亥革命に馳せ参じて決起に参加し散華《さんげ》した多くの日本の志士がいた。

孫文が獅子吼《ししく》（雄弁に主張）した革命蜂起《ほうき》はまず恵州《けいしゅう》から火がついたが、孫文が参戦しなかったにもかかわらず、元津軽藩士・山田良政《よしまさ》は「約束だから」と武装蜂起に参加し、戦死した。

孫文は日本で盛んに革命を煽《あお》った。このため孫文を信じて武装蜂起に参加して犠牲となった日本人武士の第一号が山田良政である。山田の家系は津軽藩の出身で、北海道昆布会社の上海《シャンハイ》支店員となり、

山田良政

語学の才能を買われて陸軍通訳となった。
「戊戌の政変」が、失敗に終わり康有為《こうゆうい》が天津《テンシン》に逃れ、譚嗣同《たんしどう》、王照《おうしょう》らは権力奪取が叶わなかった光緒帝《こうしょてい》を救出して海外に亡命政権を樹立しようと動いたが失敗。そういう激動を山田は日々目の当たりにし、悲憤慷慨《ひふんこうがい》した。この間にドイツが膠《こう》州《しゅう》湾を占拠、山田は実情探査のため現地に深く潜入した。旅順《りょじゅん》でロシア兵に捕まるが、からくも脱出に成功した。

一九〇〇年（明治三十三）、蜂起を準備中だった恵州革命軍に義勇軍と軍資金、武器などを送るため、山田は孫文とともに上海から南京へ至る。だが、革命蜂起の準備が整わず、孫文は台湾へわたり当時台湾民政長官をしていた後藤新平《しんぺい》から援助の約束をとりつけた。ところが第二次山縣有朋《やまがたありとも》内閣から第四次伊藤博文内閣へと政権が変わり、孫文への援助は反故《ほご》となってしまった。ほかの日本の支援者も蜂起は時期尚早と山田に勧告した。
　革命軍はわずか千余人。絶望的戦況の中、山田は同志との約束をまもって戦陣に身を投げて処刑された。彼の死を悼《いた》み、孫文が揮毫《きごう》した碑が青森県弘前《ひろさき》に残る。

山田良政君ハ弘前ノ人ナリ。庚子《こうし》閏《うるう》八月、革命軍恵州ニ起ツヤ君挺身シ義ニ赴キ、遂ニ戦死ス。アアソノ人道ノ犠牲、亜洲ノ先覚、身ハ殞滅《いんめつ》スルトイエドモソノ志ハ不朽ナリ。

民国八年九月二十九日　　孫文謹撰并書

## 人民解放軍よりはマシだった清国軍隊も日本の敵ではなかった

中国でいう「甲午《こうご》戦争」とは日清戦争のことである。

日清戦争の結果、明治二十八年（一八九五）に「下関条約」が結ばれ、清国《しんこく》全権の李鴻章《りこうしょう》は日本に賠償金の支払い、「化外《けがい》の地」（文明の及ばぬ地域）台湾の割譲などを認めた。

いま、習近平の中国は「甲午戦争の仇を討つ」と放埒《ほうらつ》に豪語してやまない。「愛国主義による中華民族の復興が中国の夢」と本気で唱えている。

当時、世界第四位の海軍力を誇った清は、西欧から購入した新鋭最強の軍艦を保有し「アジア一の海軍力だ」と自慢していた。ところが日本ごときに「なぜ負けたのか」と多少の反省を込めて甲午戦争を研究してきた。そしてこんどこそ日本を打ち負かせると自信過剰なほどの論説が中国のネット上に展開されるようになった。これは「愛国」を鼓舞《こぶ》し、反日で国民を糾合しようとする中国共産党の宣伝戦争の一環だが、あちこちで矛盾が吹き出している。

日本連合艦隊旗艦「松島」

陳破空《ちんはくう》（米国に亡命した論客）がこうした動きに以下のような厳しい論評を加えた（香港誌『開放』二〇一四年八月号）。

一八八八年、清は北洋《ほくよう》艦隊を創設した。これは清末期の洋務《ようむ》運動（近代化運動）と富国強兵《ふこくきょうへい》策の結果である。北洋艦隊の規模は日本の連合艦隊を上回り、艦船比較で十二対十、火砲の数量にいたっては日本の連合艦隊の三倍だった。経済力を見ても日本の国力は当時の清のＧＤＰの五分の一に過ぎなかった。世界の総合ＧＤＰ比較で清は一七・六％、日本はわずかに三・五％だったのである。

しかし清は日本に負けた。

第一の理由は軍の果てしなき汚職と腐敗である。軍の費用を幹部たちが寄ってたかって貪《むさぼ》り食った。訓練費用から兵士の食費にいたるまで貪官《どんかん》（腐敗した役人）の汚職の犠牲となった。兵士の士気があがるわけはない。武器庫から砲弾を横流ししていたので、開戦三カ月前に慌てて砲弾を買い直した。艦船を動かす燃油を売り払い修理工場では機械を売り払っていた。

清の北洋艦隊旗艦「定遠」

いまもこの汚職と腐敗体質は変わりがないばかりか、中国人民解放軍の汚職の額はべらぼうである。近年摘発されただけでも王守業中将（海軍副司令）の横領額は一億六千万元《ユエン》。谷俊山中将のそれは二百億元と桁外《けたはず》れ。各地に豪邸、皇帝並みの大豪邸を建てていた。

習近平の汚職摘発によって失脚した徐才厚、郭伯雄らは北京の中南海《ちゅうなんかい》（要人の住む地域）の贅を尽くしたお屋敷に暮らしていた。戦略ミサイル部隊もセメントでできたミサイルで員数《いんずう》（決められた数）を偽装し、予算は使い切っていた。

清の北洋艦隊の基地は山東半島の威海衛《いかいえい》の沖合に浮かぶ劉公島《りゅうこうとう》にあった。艦長以下は艦で寝泊まりせず自宅兵舎には妻妾が同居していた。一般兵士は淫売窟へ通い、賭場は華やか、妓楼《ぎろう》（遊女屋）だけでも七十軒を数え、「武人は荒淫《こういん》である」と嘯《うそぶ》いて、まじめに艦隊勤務をしていない。開戦時、「威遠」と「来遠」の艦長は不在で妾《めかけ》の家にいた。指揮官が不在で誰も何をして良いか分からず、たちまち日本軍に撃沈された。

北洋艦隊司令の丁汝昌《ていじょしょう》らは責任を取って自殺した。まだ彼らは恥を知っていた。いまの人民解放軍幹部らは恥さえ知らない。

## 近現代史の闇に眠る三つ（尼港・通州・通化）の猟奇的虐殺事件

近現代史家がまったくスルーしている日本人虐殺事件がある。

共産主義にかぶれた歴史家が不都合なことを書かないのは革命路線上の必要悪だが、平均的な日本人歴史家が見て見ぬふりをするのだから自虐史観がまだ世の中に蔓延《はびこ》っている証拠である。

大正九年（一九二〇）に起きた「尼港事件《にこう》」を知っている人はほとんどいない。ロシア極東の港町で起きた日本人の大虐殺事件である。

舞台となった尼港とはアムール川の出口に位置したニコラエフスク市のことで、当時はサハリン州に属していた。交易が盛んで日本租界が拓《ひら》け、多数の日本人住民がいた。日本領事館もあった。商社も娼妓館もあった。

一九一七年のロシアのボルシェビキ革命を逃れてきたロシア人富裕層、とりわけユダヤ系の人々が多く、皇帝一家を銃殺して暴力で政権を奪った赤軍《せきぐん》を彼らは憎んでいた。

この港町に多数の中国人と朝鮮人が流れ込み、軍事集団が輻輳《ふくそう》し、裏切りは日常茶飯、赤軍のパルチザンとは名ばかりで、実態は盗賊、山賊、強盗のたぐい。彼らが行った虐殺行為は、目撃談が多く残されている。

概括的にいえば尼港事件はロシア革命後の内戦で、赤軍がロシア人六千人、日本人七百三十人以上を虐殺した。犯行に及んだのは赤軍、と言うよりも愚連隊、ギャングまがいの犯罪者暴徒で、尼港市を壊滅させた。

ロシア革命後の赤色パルチザンとは、殺人鬼のような愚連隊集団というのが実態だった。あまりにも残酷な犯罪行為であり、国際世論は怒りに湧いた。

廃墟と化したニコラエフスク（尼港）

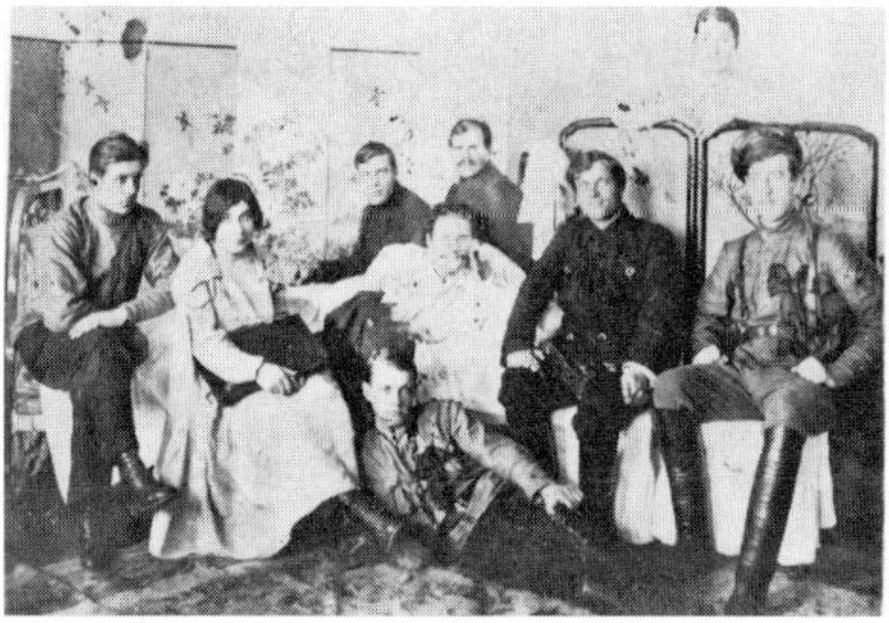
虐殺事件を引き起こした赤軍パルチザン幹部たち。中央の白衣の人物が虐殺を主導したヤーコフ・トリャピーツィン

事件から百年が経って、アナトーリー・グートマン著、長勢了治訳『ニコラエフスクの日本人虐殺——一九二〇年、尼港事件の真実』（勉誠出版）がでた。これは事件直後のロシア「調査委員会」

報告と生き証人達の生々しい証言で、日本人が忘れさせられた暴力革命の暴虐の凄まじさが行間にまで溢れている。

アナトーリー・グートマンは白系ロシア人ジャーナリストで、事件当時、日本に滞在していた。報を聞いて、直後にロシアでつくられた「調査委員会」が三カ月間現地調査してまとめた報告書を基礎資料とし、自身の取材も加えてまとめたものである。原書は一九二四年にベルリンで出版され、一九九三年になってカナダで英訳版がでた。

日本でも最初の訳本は英訳版からの重訳だった。前掲書はロシア語からの翻訳で完全な歴史の第一資料である。尼港事件の詳細と実態が数々の証言により明らかになる。

この尼港事件と、かの通州事件とを比較すると、共通しているのは殺戮する側の残酷さ、非人間性、悪魔のごとき猟奇性である。この意味ではロシアのゴロツキもシナの殺人部隊も、便乗する朝鮮人も変わらない。

昭和十二年（一九三七）の「通州事件」で中国兵に惨殺された邦人は二百五十七名。かの「南京大虐殺」とかいう事件は中国がでっちあげたフィクション、嘘放送の類《たぐい》だったことはすでに一二〇％証明されているにもかかわらず、中国に裏側から工作されたユネスコは「世界記憶遺産」を認めた。ブルガリア共産党出身のボゴバが主導した。日本が貶《おとし》められているのに政府も外務省も何もしない。いや当時のユネスコ事務局長は日本人だったのである。

同様に昭和二十一年の終戦のどさくさに起きた大虐殺事件が「通化《つうか》事件」だ。しかし被害者である日本人が情報不足。真相を知らないまま打ち捨てられてきた。

かつての満洲国通化《つうか》市で起きたこの事件では、引き上げ途次の日本人およそ三千人がシナ人によって虐殺され、河は血の海となった。その犠牲者数は通州事件の十倍である。忘れたいのか、語りたくないのか。

この通化事件現場に筆者は撮影に行ったことがある。通化へは吉林《きつりん》から長距離バスで入り、現場を歩き回って写真を撮り、レポートした。

通化事件。降伏する日本軍兵士

一方、通州へは二回行ったが、十年前には当時の遺物も残っていた。いまは新開発区となって北京に編入され、地下鉄が開通し、面影はなにもない

「通州事件」の記録は、アーカイブが民間人の手で設立され、日本の歴史教科書に一部だけだが掲載され、日本各地で研究会や講演会が連続開催された。とはいうものの事件から長い歳月が流れ、いったいどれほどの日本人が、この事件の真相を知っているだろうか。まして日本政府は忘却の彼

方へと自虐的に追いやり、戦後一度もこの事件を取り上げて中国に抗議し、賠償を請求することがなかった。

加藤康男氏の『慟哭の通州』（飛鳥新社）は複眼的に通州事件を総攬《そうらん》した労作である。

第一に盧溝橋《ろこうきょう》事件直後に起きているという時系列的なポイントが重要である。なぜ北京郊外に日本兵がいたのか。目的は居留外国人の安全を護るため、今日で言うＰＫＯであり、断じて「侵略」ではなかった。

通州事件は日本を巻き込むためにシナが仕組んだ挑発であり、直後から日本は朝野《ちょうや》をあげて中国を討てという合唱になった。通州の虐殺によって結果的に泥沼の戦争に巻き込まれた。

シナの地方政権である冀東《きとう》自治政府の「冀東保安部隊」と国民党との密約が存在していた。彼らはもっと大規模な同時多発テロを準備していたのである。

第二は中国の「兵」の定義である。

加藤康男氏は「中国では『兵』と『匪賊《ひぞく》』の差がほとんどないのが実情だった。満洲まで含めれば『匪賊』に『緑林《りょくりん》』（盗賊、馬賊）が加わる。兵が脱走して匪賊、馬賊となり、匪賊、馬賊が帰順して兵となるのが日常化していると考えればよい」という。

それゆえに自治政府が結成され、河北省の指導者が殷汝耕《いんじょこう》だった。ほかに宋哲元《そうてつげん》らも関わっていた。彼らは「親日派」とされ、うっかり日本軍は殷汝耕らを信じてしまった。だが殷も宋も、地下で国民党の蔣介石《しょうかいせき》と繋がっていた。
シナ正規軍は日本の保安部隊と自治政府の保安部隊を襲い、数時間の戦闘となる。民間人の虐殺は匪賊系、つまり蔣介石の別働隊である「藍衣社《らんいしゃ》」系列の殺しのプロが行なった。

通州は歴史的に由緒がある。楊貴妃《ようきひ》を死に追いやったことで知られる唐代の安録山《あんろくざん》の乱（七五五～七六三年）はこの地から発祥した。

通州事件で奇跡的に助かった妊婦ふたりの証言や生き残った新聞記者の実録は当時、ちゃんと新聞にも報道された。

従来の証言、資料にはなかった新しい資料が近年になってでた。北京への留学生だった

1937年7月29日に起きた通州事件の翌日、日本軍救援部隊によって撮影された通州

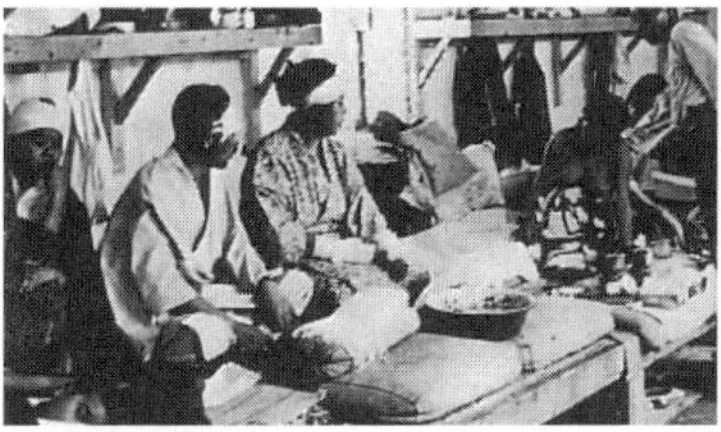

通州事件の生存者

恨み深し！通州暴虐の全貌
【天津にて田中特派員二日發】
保安隊變じて鬼畜
罪なき同胞を虐殺
銃聲杜絶え忽ち掠奪
宛ら地獄繪卷！
鬼畜の殘虐言語に絶す
敵の亂射亂擊に
我銃砲彈燒失

東京朝日新聞が報じる通州事件の記事

河野通弘氏は目撃者から貴重な談話を集めて記録を作り、平成七年に手記を残した。それが加藤康男氏の前掲書に紹介されている。事件当日、河野氏は北京にいて、通州方面に爆撃によるのか、黒煙のあがるのを見て、飛びあがった。

「（心配なのは）拓殖大学の先輩にあたる中山正敏を訪ねて東京からやってきたばかりの亀井実の安否だった」。彼は「大使館の要請で通州へ救援と通訳に駆り出される」ことになった。

通州で見た残虐な地獄。河野通弘氏は克明にメモをとった。同級生だった亀井氏は非命《ひめい》に斃《たお》れていた。

憲兵隊の荒牧純介中尉も記録を残していた。

「事件当時の通州憲兵隊長は安部起吉憲兵少佐だったが、事件から一年が経過した昭和十三年八月、新たに荒牧純介憲兵中尉が赴任してきた」（加藤氏前掲書）。

この荒牧中尉が、安部少佐が作成した事件調書を筆写しており、終戦後まで長く保存し、昭和五十六年に私家版の『痛々しい通州虐殺事変』を残した。憲兵隊の原本が存在しないため、この荒巻私家版が真実を物語ることになる。また加藤氏前掲書は外国人特派員はいかに報じていたかを探し当てた。フレデリック・ウィリアムズが『中国の戦争宣伝の内幕』（芙蓉書房出版）を書いていた。これは近年、田中秀雄氏が翻訳した。

ウィリアムズは「古代から近代までを見渡して最悪の集団屠殺として歴史に記録される

だろう。（中略）最も暗黒なる町の名として（通洲は）何世紀のあとも記されることだろう」と書き残していた。

尼港事件と同様な近現代史の闇。また一つ、謎の闇の奥に光が当たった。

## 日本のノモンハン師団長（小松原道太郎）はソ連のスパイだったか

昭和十四年（一九三九）に満洲とモンゴルの国境線をめぐって日本軍とソ連軍が衝突したノモンハン事変（ロシアでは「ハルハ河戦争」）は日本軍の負け、と教わった。ところがソ連崩壊後に明るみに出た機密文書により戦争結果は五分五分だったことが判明した。当時のスターリンの目的は日本軍を弱体化し、ソ連に近づけないこと。日本軍の関心を中国に向けさせ、さらには南方へ転進させることにあった。

日本はまんまと引っかかった。日本における世紀のスパイ事件（昭和十六年「ゾルゲ事件」）を引き起こした当のゾルゲと尾崎秀実《ほつみ》ら「昭和研究会」の影響力を利用して、日本軍を南進させた。その当時、日本は哈爾浜《ハルビン》に特務機関を置き、情報将校らはロシア語を流《りゅう》暢《ちょう》に使いこなした。

そのまえにモスクワの駐在武官だったのが小松原道太郎である。同僚の小柳喜三郎大佐とともにハニートラップに引っかかり、小柳は不明を恥じて割腹自決した。しかし小松原

ノモンハン事件で匍匐前進する日本兵

はそしらぬ顔で昇進を続け、昭和七年（一九三二）から三年間、哈爾浜の特務機関長だった。

福井義高氏の『日本人が知らない最先端の「世界史」』（祥伝社文庫）は重要なことを指摘する。

「公開された旧ソ連機密文書によって、ソ連軍が一定の時期だけ（つまり小松原が特務機関長の時期と重なる）、大量の政治軍事情報を得ていた」

この小松原がノモンハンでは師団長だった。ということは日本側の動きはソ連軍に筒抜けである。彼は帰国後、病死したことになっているのだが、「用済みのソ連スパイが、事故や病気にみせかけて殺害された例は多い」（福井氏前掲書）。

ついでに言えば『命のビザ』の杉原《すぎはら》千畝《ちうね》も哈爾浜で情報担当、ロシア人女性と結婚していた。小松原の機関長時代と重なる。

福井義高青山学院大学教授は次を指摘する。

「ホロコーストの唯一性を前提にすると、ドイツと比較して日本の謝罪が不十分であるというような議論は、瀆神《とくしん》行為とすらいえる。

なぜなら、ホロコーストと日本の通例の戦争犯罪を比べることは、比較を絶するはずの絶対悪を相対化することを意味するからだ。実際、連合軍の戦争犯罪や非人道的行為とナチスのユダヤ人迫害を比較し、相対化することはホロコーストを『無害化』するとして、ドイツでは厳しく批判される。他の欧州諸国や米国でも同様である。（中略）法律に名を借りて国家権力で異なる歴史認識を圧殺しようという動きは、ホロコーストに限られない」

その例はフランスなどで拡大するトルコのアルメニア虐殺論争である。

「論点は虐殺の有無ではなく、（オスマントルコ）帝国政府による国策としてのジェノサイドを主張するアルメニアに対して、戦時中の軍事的必要性に基づく強制移住の過程に伴う不祥事というのがトルコの立場である」

しかし、歴史論争として、これらは修正主義の名において国際主義者、左翼ジャーナリズムから激しく糾弾《きゅうだん》されるのだ。

「冷戦後の共産主義『無害化』には冷戦期、ソ連共産主義に宥和的であった多くの欧州知識人の自己保身という現実的動機」もある。だが、実態としては、その裏にもっと大きなすり替えの動きが起きている。その典型が「多文化主義」なる面

小松原道太郎

妖な、新時代の化粧を施した、共産主義運動の隠《かく》れ蓑《みの》である。

福井教授は続けて言う。

「(米国では)多文化主義は、黒人の存在と密接に関連しており、奴隷の子孫に対する白人の贖罪意識がその背景にある。一方、欧州では旧ユーゴスラビアの一部を除き、ほとんど白人キリスト教徒しかいなかったのに、多文化共生を国民に強制するかのように、欧州各国に政府は、冷戦終結前後から、第三世界とくにイスラム圏からの移民受け入れを拡大し、その勢いは止まらないどころか、むしろ加速している」

## 無言で刑場に消えた北一輝

二・二六事件の将校らに大きな思想的影響力を与えたという理由で、北一輝《きたいっき》は銃殺された。

ところが、将校らの動きと北一輝とは密接な連絡がなかったことが事後の研究で明らかになっている。

昭和初期、若者らはマルクス主義の流行に飛びつき、インテリゲンチャは無批判にかぶれた。

桶谷秀明氏の『昭和精神史』(扶桑社)は国体論が一世を風靡《ふうび》し、二・二六事件がおこり、日支事変から日米開戦へといたる時代背景を眺める。すでに「歴史」となった出来事を、客観的に、状況的に解きほぐし、その時代背景を克明に描写しながら、おりおりの日本人の精神を語った浩瀚《こうかん》な本である。

桶谷氏は伊藤整、武田泰淳、島崎藤村らを論じつつ、自然と重きをおくのは永井荷風であり、さらに小林秀雄と保田與重郎《やすだよじゅうろう》となると力の入れ方が違う。小林秀雄の捉え方も随所にでてくるが、この時代を生きた文芸評論家のひとりが保田與重郎だった。

彼の浪漫主義にはマルクス主義とドイツ浪漫派と国学という三つの要素があった。

桶谷氏の前掲書によれば「早くから保田與重郎の教養となっていたのは国学で、畝傍《うねび》中学時代、「万葉」を熟読していた。そして柿本《かきのもと》人麿《ひとまろ》を取り上げずに保田は山上憶良《やまのうえのおくら》を論ずるという独自性が光る。

北一輝

保田與重郎は満洲蒙古から北支を旅して、南京陥落後のシナ人の生態を観察した。満洲の地にあって保田はこう書いた。

「樹木をきりはらって大造宮をつくりあげた漢人と、自然の緑を尊んで細心の人工に自然を生かそうとした我らの父祖の間には異なるものが

二・二六事件の反乱軍将兵

あまりに大きい。近々百年にして漢人はこの沿線より原住民を追放したのである。それは一切の崇高な事業によってではない。我々はいま理念をもってこれと対抗している。理念は強く美しく、それゆえにいたはらねばならぬ傷み易さをもっている」(保田與重郎『蒙疆《もうきょう》』新学社)

保田はまた竹内好《よしみ》の案内で北京を見て歩くのだが、「一般に私は北京で、文化の絶望を味はねばならなかった」と率直にシナ文化の感想を綴るのである。

また保田はアララギの万葉解釈を手厳しく批判した。

「それは人麿の古代を現代によみがへらせようとする意図を抱きながら、態度においてまちがっている。アララギの思想は皮相な明治文明開化にたいする一種の自覚を根底としているが、つまるところ文明開化の論理による古代解釈である。(中略)その背後にある精神史を生きようとしない。アララギには

歴史の精神が欠落している」（保田與重郎『萬葉集の精神』新学社）

前掲『昭和精神史』のなかで桶谷秀昭氏は二・二六事件における北一輝にことのほか、優しい目を向けている。

北一輝は蹶起《けっき》した将校たちとは一線を画し、軍事行動を使嗾《しそう》したこともないが、思想的影響を与えたという取り調べには弁明しなかった。

北一輝は従容《しょうよう》として刑場に消えた。三島由紀夫、村上一郎（三島事件後、自刃）をつなぐ北一輝の影響力がこんにちも激甚《げきじん》にのこる理由は、その潔き身の処し方だろう。

## チャーチルと日英同盟を過大評価する愚

一九一四年、サラエボにおける銃弾、オーストリア皇太子暗殺事件を切っ掛けに欧州での戦争は不可避となったが、地域紛争で終わるはずだった。

オーストリア皇太子夫妻は、サラエボ訪問を始めたときから町の様子の異常を認識していた。なぜか警備が少なく、町が異様な敵意に満ちていたなかで、行事をこなした。

橋のたもとのビルの角で、偶然にテロリストに発見され、撃たれた。いま、この場所は「観光名所」となっていて、筆者も、ここで「記念撮影」をしたことを思い出すのだが、この銃弾が、なぜ大規模な第一次世界大戦に発展したのか。

チャーチルの母ジャネット

渡辺惣樹氏の『英国の闇　チャーチル』（ビジネス社）によれば、この世紀の陰謀の主人公はウィンストン・チャーチルだったという。

英国の貴族階級という特殊な階層社会では、不倫大好き、いや不倫はスポーツであり、文化なのだ。それも男性よりも女性が積極的なのだから、日本的倫理からすれば理解を超える。

「英国の社交界では不貞関係の詮索がお楽しみの一つでもあった」（前掲書64ページ）。

チャーチルの父親もそうだが、母親ときたら、百人を越える不倫の相手がいて、夫が急逝すると若い貴族と再婚するほど、日本的価値観からいえば淫乱だった。このチャーチルの父親は政治家として名声を博し、ロンドンの社交界でも大物だった。

チャーチルは、母親譲りなのか、次々と恋人をつくり、しかも、そのたびに財産に恵まれるという強運の持ち主だった。豪奢《ごうしゃ》な生活を維持するため、台所は火の車だった。この英国の支配階級の道徳観、人生観、世界観、結婚観が分からないとチャーチルが分からないのである。

これまでの私たちの理解では、チャーチルは「FDR（フランクリン・ルーズベルト）、スターリン」とならぶ世界史の三悪人くらいにしか認識してこなかった。デブ、高価な葉巻愛好家、英国軍人にしては背が低く、ワイン好き、例外的に文章がうまいということくらいしか知らなかった。

若き日のチャーチルは精悍《せいかん》で、痩身《そうしん》で、神経質そうな風貌をしている。陸軍士官学校では砲撃、騎馬に優れていた。ぎらぎらしたチャーチルの野心は一日も早く、派手な軍功を立て、勲章に輝き、それをバックに政治家になることだった。

軽騎兵連隊に入隊した20歳のチャーチル

チャーチルは乳母に育てられ、名門ハロー校に入学するが、落第生扱いされ、陸軍士官学校でも成績は芳《かんば》しくなかった。一方、語彙《ごい》が豊かで、例外的に表現力が卓抜《たくばつ》だった。むしろ作家の資質が勝《まさ》っていたようだ。

チャーチルは政治家になるために、第一に軍功を建てることに専念し、自ら戦場を志願してインド赴任中にもスーダンや南アフリカへ行くのである。しかし軍功による勲章ではなく、南アで捕虜となり、収容所を脱獄して「ヒーロー」となるのである。

しかも戦争従軍記を新聞社、出版社と契約して書き、ベストセラーを量産するという側面を持ち、これらを背景に政治家へ転身した。

しかしチャーチルの戦記はフェイクに近く、個人的感情が強く、フーバー第三十一代米国大統領は、「チャーチルの著作は信用できない。著作のほとんどを無視する」といって嫌った話は有名だろう。

やがて政治家として、父親の友人たちや、そのコネクションから得たユダヤ人脈、そして母親の不倫相手のコネも徹底的に利用して、出世階段を強引に駆け上った。しかも世話になって当選できた政党を捨て、途中で保守党を裏切り、野党が与党になる勢いの時に所属政党を変えた。

強運が続き、チャーチルは若くして通産大臣、そしてまわってきたのが海軍大臣だった。陸軍出身者が海軍のトップに？　しかしチャーチルは「海軍狂」になった。戦争指導のポジションを得て、戦争をするかしないかの決定権を持つ首相をさしおいて、その裁断も仰がずに軍を派遣して戦闘の既成事実をつくり、英国を開戦へ追い込むという離れ業をやってのけるのである。

「第一次世界大戦はヨーロッパ各国が夢遊病者のように始めた戦い」（歴史家クリストファー・クラーク）

こういう解釈が一般的だが、渡辺惣樹氏の、歴史修正主義の立場からの解釈は異なる。「ヨーロッパ大陸の戦いは不可避であったが、大陸だけの限定戦争で終息できた。それを自己中心的な外交を展開した上で参入した英国があの戦いを世界戦争にした」のである。すなわち「ウィンストン・チャーチルが何としてでもドイツ海軍を潰し、英国海軍覇権（大英帝国覇権）を墨守すると決めたから起きた戦争」なのである。

これがチャーチルという英国の闇が生んだ「英雄」の実像だった。

近現代史家は、こうした裏面を黙殺して、文献第一主義、歴史的文書と外交文書を基軸に上っ面だけの歴史解釈で現代史を綴《つづ》ってきた。

人間関係や、その主人公らの育った環境、教育、そして友人、恋人関係を洗い直し、その心理状態をも忖度《そんたく》してゆけば、従来の解釈とは異なった裏面史が浮かび上がる。日英同盟がやけに評価されているが、こういう解釈だけで良いのか考え直すことも必要だろう。

## 大東亜戦争の誇り高き指導者と亡国の指導者

板垣征四郎《せいしろう》と石原莞爾《いしわらかんじ》は満洲建国功労者の双璧である。

石原莞爾についてはすでに語り尽くされた感がある。軍事作戦の天才、世界歴史のパースペクティブにたって戦争の終末を予言した宗教家の側面があった。

板垣征四郎

しかし東京裁判の被告にはならず、いまでは軍事思想家という評価がほぼ定着している。後者の視点でいえば著書『世界最終戦争』（毎日ワンズ）など宗教的文明観が強すぎるため、過大評価とも言える。

対照的に板垣征四郎は現代史から抹殺されたがごとく歴史の闇に埋没させられてしまった。

終戦時、板垣はシンガポールにあり、終戦の詔《みことのり》がでると抗戦をやめ、従容《しょうよう》として裁判に赴き、しかし徹底的に日本の主張を通した。

板垣は悠揚《ゆうよう》迫らぬ大人の風格をそなえ、部下からも慕われた将軍だった。

自殺に失敗した東条英機《ひでき》も東京裁判では「大東亜戦争は自衛の戦争であった」ことを堂々と主張した。のちのマッカーサーさえ、議会証言で「日本にとっては自衛の戦争だった」と述べているのである。

石原莞爾は東条嫌いで、戦争中にも東条に辞任を迫り、その作戦の誤りを面罵《めんば》し、当時の最高指導者に対してくそみそに批判した熱血漢だった。板垣と石原は大正九年（一九二〇）から十年にかけて漢江《かんこう》で一緒だった時に、酒を酌《く》み交《か》わし、生涯の友となる。

甘粕正彦《あまかすまさひこ》大尉は誰かの罪をかぶって大杉栄《さかえ》殺しの汚名を着せられたが、真犯人はほかにいるだろう。彼は服役後、新天地を望んで満洲へやってきて、特務工作に従事し、映画をつくり、しかし虚無主義が強く、満洲の夢がついえたと同時にピストル自殺して生涯を終えた。

広田弘毅《こうき》元首相は自分の運命として非軍人戦犯を代表する形で処刑されたが、最後まで動揺せず、釈明もせず、しかし最後に天皇陛下万歳を叫んで絞首刑になった。巣鴨プリズンの教誨師《きょうかいし》として最期に立ち会った花山信勝《しんしょう》が証言を残している。

広田弘毅

それを城山三郎は「（大東亜戦争は）漫才をやった」として広田が天皇陛下万歳には背を向けたと書いた。高潔な人格者の広田弘毅を結局は貶《おとし》めていると、司馬遼太郎と同列に似非《えせ》史観の亜流作家の欺瞞《ぎまん》をつくのが福井雄三氏の『板垣征四郎と石原莞爾』（ＰＨＰ研究所）である。
福井教授は、ソ連をドイツと挟み撃ちしようとする日本の反共的な北進計画を謀略によって南進させ、スターリンに奉仕した近衛内閣ブレーン内の共産主義信奉者がスパイのゾルゲと組んで政策を誤らせたように、米国の政権の中枢にソ連に同情した共産主義者がいて米国を間違った方向へ導いたのだとする。

凄まじい謀略に巻き込まれ、馬鹿を見たのは米国のサイレント・マジョリティだった。

近衛文麿

そのあおりを食らって国家を破滅の淵に導いた日本の指導者。戦争責任は謀略をみぬけず亡国的な政策をとった近衛文麿《このえふみまろ》の優柔不断に最大の原因があるのではないか。

## 関東軍の壮大な秘密工作はチベット、ウイグルを救えなかった

関東軍の「秘密工作」と諜報工作は満洲とモンゴル、ウイグルに「親日国家群」を樹立させようとするものだった。

この裏面史を歴史家は無視するが、小説家の胡桃沢耕史《くるみざわこうし》がフィクションに託した（『天山

を越えて』光文社文庫）

民間人、大陸浪人、シナ通、イスラム教徒、軍人。その背後には政治家と官僚たちが「国益」「国家目標」を共有するという熱血の精神があった。中央でこれらの作戦を立案し、推進させたのは林銑十郎《せんじゅうろう》、板垣征四郎らである。辻政信《つじまさのぶ》や東条英機も、その戦略的人脈から言えば直系である。

しかし現代日本の若者はいわゆる「太平洋戦争」史観と「東京裁判」史観で洗脳され、なんだか日本が侵略戦争をしかけたような間違いを信じている。マスコミがいまもそうした嘘を垂れ流し続けているため、基本の知識がない。まして歴史教科書は左翼一色、その管轄官庁のトップは買春に忙しかった。頭のてっぺんが腐りきっている官庁が教科書を検定するなど僭越《せんえつ》ではないのか。

東条英機は「西北シナに潜入せよ」という密命を出す。いまの内モンゴル自治区のフフホト（当時は「厚和《こうわ》」といった）にあった興亜《こうあ》義塾に学ぶ二人の男がいた。西川一三《かずみ》と木村肥佐夫《ひさお》だ。

彼らは「モンゴル語、北京語、ロシア語や現地の地理、歴史、政治経済などの学習と軍事訓練にいそしみ、一年間、モンゴル人ラマと起居をともにし、一モンゴル人になりきるべく、その風俗習慣を徹底的にたたき込んだ」（関岡英之『帝国陸軍、見果てぬ「防共回廊」』祥伝社。以下同）。

西川は「残置諜者《ざんちちょうじゃ》」（忍者用語で言えば「草」）のごとく「モンゴル人ロブサン・サンボー」と名乗り、以後終戦を挟んで八年間、アジア各地を放浪した。現在の内モンゴルにあたる地域は日本の勢力圏だった。

「その西方に位置する寧夏省、甘粛省、青海省は敵地であり、中国国民党、中国共産党の漢人、モンゴル人、チベット人、ウィグル人などの各民族や、当時『東干人』（トングァン）と呼ばれた回民（中国ムスリム）などの諸勢力が割拠してしのぎを削る危険地帯」であった。西川はこれらの地区で諜報活動をしながら、さらに西へすすむと「ソ連からの援蔣ルート」を目撃する。北方からドラム缶や兵器を満載したトラック隊が土煙を上げて姿を現し、航空機が甘粛省の省都蘭州方面へ爆音」を響かせていた。

命がけの密偵という危険を冒してまでも祖国に尽くしたのか。

密命の背景にあった巨大な日本の構想とは、「西北民族の包囲網を以てシナを攻略するという一大政策であり、蒙古族、チベット族を友として漢民族を包囲する体制を作り上げることこそシナ事変解決の鍵であった」からだ。

西川はやがてチベットへ潜入した。そこで日本の敗戦を知った。

ヒマラヤを越えてインドで初めて（八年間の密偵生活のなかで、初めて）日本人と見破られた。相手は日本の支援で訓練を受けインド独立のためにチャンドラ・ボース軍で戦った親日派のインド人だった。終戦を知らされても「草」の任務をまっとうするために帰国せず各地に潜行した西川がようやく帰朝して、『秘境西域八年の潜行』（中公文庫）という本を書いた。

「当時、関東軍は満洲帝国の四周を睨み、土肥原賢二少将率いるハルビン特務機関がシベリアでの諜報活動、板垣征四郎少将率いる奉天特務機関が華北分治工作、そしてこの松室孝良大佐率いる承徳特務機関が内蒙工作を展開するという三正面作戦を構えた」と関岡氏の前掲書は続ける。

密命の中味とは「満洲帝国の姉妹国として、内モンゴル全域を領土とし、チベット仏教を国教とする独立国家『蒙古国』を樹立せよ」。

さすれば、甘粛省《かんしゅくしょう》から東トルキスタンへ至るイスラムの地域にも独立の気運が伝播《でんぱ》し、チベットもモンゴルに呼応し、「日本を中心とする満洲国、モンゴル、回教国、チベットの環状同盟を形成」するという壮大無比、「ついには全アジア民族の奮起を促し、アジア復興を達成」というのが日本の戦略だったのである。

勇躍して彼らは敵地へ潜入する。軍事情報を集めながら日本の同盟軍となりそうな有力者や軍閥の発見にも努める。しかも各地では反漢族感情が強く、日本への期待は強烈であった。

ウイグルでは東トルキスタンが独立し、やがて中ソの陰謀で木《こ》っ端《ぱ》みじんに解体されるのだが、日本の密偵が少数、現地にもぐった。しかし大半は敦煌《とんこう》、蘭州《らんしゅう》あたりで回民《かいみん》（イスラム教徒）の軍閥に邪魔された。だが回民軍閥も共産革命樹立以後は毛沢東によって粛正され、或いは少数が蔣介石に従って台湾まで逃れた。日本軍は東ウイグルへ到達できなかった。

だが太平洋戦線における作戦の齟齬《そご》、物量補給路の切断、兵站《へいたん》の維持不能などによって敗戦に追い込まれ、日本の夢ははかなく消えた。満洲族、蒙古族、ウイグル、チベットの民が、以後どれほどの苦しみに呻吟《しんぎん》し、いまも中華帝国の圧政に苦しんでいるか。もし日本に責任があるとすれば、戦争に敗れたことである。

## 真珠湾攻撃を身震いしながら待っていたFDR

真実を七十五年の間、ひたすら隠し続けてきたアメリカ。ばれると何がまずいのか。それは日米開戦が、ＦＤＲ（フランクリン・デラノ・ルーズベルト）政権がひたすら望み、仕掛けた世紀の陰謀だったことである。

渡辺惣樹氏の『真珠湾と原爆　日米戦争を望んだのは誰か』（ワック）には次の教訓がさりげなく挿入されている。

「米国は戦争をはじめる場合、国内世論をまとめるため、必ずと言っていいほど米軍が先制攻撃を受ける事件がおきる」

日本の真珠湾攻撃を身震《みぶる》いしながら待ったのはＦＤＲだった。このような真実は近年になって、さすがにアメリカでも語られ始め、関連本が出版されるようになったが、いまだに「修正主義」のレッテルを貼られている。

渡辺惣樹氏は従来あまり語られなかった、当時の「アメリカ第一主義委員会」の活動にスポットを当てた。不干渉主義、対独戦争にも参加を拒む世論を背景に、この組織はたいへんな影響力があった。その主要メンバーであり、大西洋初単独飛行に成功した英雄リンドバーグは、全米と世界を講演して歩き、どこでも熱狂的歓迎を受けた。リンドバーグは日本にもやってきた。

フランクリン・デラノ・ルーズベルト（FDR）

ＦＤＲはこの組織を敵視し、活動を露骨に妨害するのである。日米開戦を前に不介入主義が蔓延《まんえん》することは不都合だったからだ。

ＰＲ作戦ではリンドバーグがドイツとべったりという印象操作を行った。「リンドバーグ＝ヒトラー」という諷刺漫画を狡猾にばらまいて不介入主義者の影響力を削《そ》いだ。

FDRが待ちに待った日本軍の真珠湾攻撃

この印象操作のやりかたは、いまも有効である。トランプ＝人種差別主義＝ナチ。遂に「チャイナ」と「ナチ」を引っかけた「チャイナチ」は香港の若者たちがポスターにした。

日米戦争は主にＦＤＲが基本の図面を描いた。その周りを囲んだのがハルとスチムソンだった。ヤルタの密約もハルノートも、はては原爆を開発したことも知らされずに政権を引き継ぎ原爆投下を決断したハリー・トルーマン大統領は道化師だった。リンドバーグは悲劇の英雄として扱われた。原爆投下の後押しをしたのはチャーチルだった。

スチムソンは狂信的な日本嫌いだった。

スチムソンについては筆者と渡辺氏との対談（『激動の日本近現代史　１８５２－１９４１』ビジネス社）でも触れているが、日本のアメリカ学者さえ軽視している。

スチムソンはカルヴァン派の長老会に属する熱烈なプロテスタント。勧善懲悪の二元論という視野狭窄《きょうさく》の思考から日本悪漢論が導かれた。しかし土壇場で原爆投下の第一候補地だった京都を外した。スチムソンこそは「非情なる軍国主義者」だった。「正統派と呼ばれている歴史書の近現代史解釈は歪んでいる」のであって、世間にどっさりと溢れる「リベラル的倫理観がちりばめられた歴史署」は眉唾《まゆつば》であり、これらを批判的に読めば「善悪の倫理観からなされる判断がいかに歴史を歪めたか」(以上カッコ内は渡辺前掲書)を了解できるだろう。

戦後七十五年、日本人は歴史解釈の罠に陥没してきた。だがいまこそ真実を知るときである。

## 昔ソ連のKGB、いまや中国共産党

日本の読書人はことのほかスパイ小説が好きである。ジョン・ル・カレ、ブライアン・フリーマントル、フレデリック・フォーサイス、古くはジェイムズ・ボンド＝007シリーズのイアン・フレミング、『月と六ペンス』を書いたサマセット・モームら、いずれも英国人。英国の情報機関で働いた経験があるからこそ、リアルなスパイ小説が描けたのだ。

世界でも稀《まれ》な読書好きの日本人はスパイ小説大好き。それでいて実際のスパイが日本で想像を絶するほどの規模と地下人脈で暗躍している現実の世界には目を瞑《つむ》る。

スパイ工作はフィクションで愉しむもの、実態にはほとんど興味なしという特殊な状況にある。なんたって日本にはスパイ防止法がないし、いま中国のスパイがウジ虫のように蠢《うごめ》いていても防諜《ぼうちょう》体制が取れない。つまり国家が機能していないのだ。

　ソ連の崩壊以前、日本でメディア工作にあたったＫＧＢ工作員スタニスラフ・レフチェンコ。日本で三十から四十名の日本人代理人を駆使し情報工作を展開していたが、或る日、米国へ亡命する。そして一九八二年七月十四日、米国議会で衝撃的な対日積極工作を証言し、日本の政界、新聞界を揺るがす大事件となった。

産経新聞
3/19（金）
「私も直接渡した」
元KGB少佐・レフチェンコ氏語る
社党浸透に成功
必要なら日本で証言
旧ソ連→社党へ資金流入
ゼネコン1
証券209社
大半が赤
主張
社党自ら「ソ連資金」解明を

レフチェンコ事件を報じる産経新聞（1993年3月19日付）

　筆者はレフチェンコの議会証言を翻訳したことがあるので一段と興味が深い。

　ＮＹにはＫＧＢ博物館がある。令和二年一月、まだコロナ騒ぎの前だったが、この博物館を見学した。米国ではＫＧＢへの理解度も深い。スパイ工作に鈍感な日本とはえらい違いだ。

　レフチェンコがあげた日本人のＫＧＢ代理人たちのリストと、ソ連崩壊後にイギリスに亡命した元KGBのミトロヒンのリストがほとんど重なることが判明している（山内智恵子著『ミトロヒン文書――KGB・工作の近現代史』、ワニブックス）。

思想に共鳴した確信的なスパイは共産主義華やかな時代の話。戦後はカネか女で釣れた。また学者には名誉をくすぐるなどして、「無自覚的な代理人」に育てた。なかでも「影響力のある代理人」がいて、KGB工作に無自覚的に協力し敵性国家の政治プロパガンダを手伝った（いまの日本はこの構造がソ連から中国のスパイ網に入れかわっている）。

これら日本人代理人は、当時暗号名しかわからず、日本のメディアはこの暗号（コードネーム）はだれそれ、あの暗号は某某《ぼうぼう》と推理ゲームに明け暮れたものだった。

一九九一年、ソ連が崩壊した。どっと機密文書が西側へ流れた。歯止めをかけたのがプーチンだった。KGB出身のプーチンとその側近らは、ほとんどが諜報の専門家であり、とくにプーチンはKGB議長も務めたアンドロポフとゾルゲを尊敬しているのだ。「柔道家」「知日家」というプーチンの明るいイメージは崩れる。

ソ連崩壊後の機密文書の公開は「リッツキドニー文書」（ソ連共産党指導者の個人文書など）、ヴェノナ文書、マスク文書（英国政府通信学校が作成）、イスコット文書（同）、ヴァシリエフ・ノート（旧KGB文書、手書きで千百十五ページ）、そしてミトロヒン文書である。

KGB第一総局文書庫所蔵文書担当だったミトロヒンは手書きでこつこつと十万ページものメモを作成していた。一九九二年三月、彼はこれをラトビアの首都リガにある英国大使館に持ち込んだ。ラトビアはソ連の軛《くびき》から離れたばかりだった時代である。

## 盗賊による天下盗りの連鎖が止まらない中国

中国史の王朝の本質とは匪賊、山賊の天下盗《と》り。盗賊が天下を盗ると貴族になる。秦《しん》の始皇帝《しこうてい》が武力と謀略で国を盗り、権力の形成は匪賊集団が王座を強奪し、政敵を皆殺しにして、眷族《けんぞく》（身内）だけで王朝を築いてきた。

漢王朝を建てた劉邦《りゅうほう》も宋の趙匡胤《ちょうきょういん》も明《みん》の朱元璋《しゅげんしょう》もしかり。ジンギスカーンにヌルハチに毛沢東に、そして次は？

現代中国史とは毛沢東王朝の表看板「共産主義」を経済面では転換させ、「中国的社会主義市場経済」を標榜《ひょうぼう》して中身を強欲資本主義に「改鋳《かいちゅう》」したものである。発案者は鄧小平《とうしょうへい》。その中国市場を「権力の市場化」にした江沢民《こうたくみん》と、共産主義的「窯変《ようへん》」を試みて逆に拝金主義と腐敗が王朝を押しつぶす危機に遭遇した胡錦濤《こきんとう》ということになる。習近平の中国は「一党独裁の専制政治」になった。本質はなにも変わらない。

「匪賊」が天下を取れば「貴族」になる。それが中国の国盗《くにと》り物語の本質である。

日中間で揉《も》めている尖閣諸島の帰属問題にしても海底資源があると分かると中国は突如として、「あそこは歴史的に我が領土」とぬけぬけと言い出した。

このような中国のやり方は強盗・匪賊の言い分である。ベトナムもフィリピンも軍事的に手を出せないとわかると南沙《なんさ》、西沙《せいさ》、中沙《ちゅうさ》の三つをさっさと合併し、「海南省三沙市《さんさし》」だと呼称して行政単位とする。党の書記やら市長やらを勝手に任命し、文句あるかという傲《ごう》岸不遜《がんふそん》な態度を改めない。

中国の歴代王朝の太祖《たいそ》（高祖《こうそ》、世祖《せいそ》ともいう。皇帝、国王などの名称で主に王朝の始祖に使われる）は強盗集団から成り上がった匪賊ゆえに、特権階級（最近の中国語では「権貴《けんき》階級」と呼ぶ）が国富を寡占《かせん》し、我が世の栄耀栄華《えいようえいが》を愉しむ。

国盗りを途中で袁世凱《えんせいがい》に奪われた孫文《そんぶん》、そのペテン師もどきの孫文を「国父」と祀《まつ》って中華民国をかすめ取った蔣介石《しょうかいせき》と、かたや天安門に赤旗を立てて「政権は鉄砲で奪う」と豪語した毛沢東はどっちもどっち。匪賊、山賊、海賊に類する猛者《もさ》が中国という国家をもぎ取り、支配し、富の独占をはかってきた。近代政治学のいう「国家」というのは「毛沢東」とか「習近平」に置き換えるとよく本質がわかるのではないか。

一面で『水滸伝《すいこでん》』に現れたように、自分のものは自分のもの、他人のものも自分のもの。法律に従うものはおらず、『金瓶梅《きんぺいばい》』に象徴されるぎらぎら欲望を丸出しにして、他人の奥方でも盗む。

不況が来れば、財閥を冤罪《えんざい》で処刑し、その富を横取りする。毛沢東は自分の息子が朝鮮戦争で死んだことを恨《うら》み、革命戦争の功臣はすべて（朱徳《しゅとく》、彭徳懐《ほうとくかい》、林彪《りんぴょう》ら）排除し、ライバルだった劉少奇《りゆうしようき》らを葬り、妾腹の子（華国鋒《かこくほう》）に政権を継がせた。

ウイグル族弾圧、香港弾圧にみられるように反政府の動きを芽の内に摘《つ》む。そのために随所に監視カメラを仕掛けて国民を見張っている。スパイは内側にも向けられるのだ。

それでも不安なので常に軍に忠誠を誓わせ、そのリトマスで軍事演習や、尖閣、台湾への脅しをやらせ、矛盾が爆発したら戦争に訴えて保身を図る。兵隊が何人死のうが構わない。権力を維持するために戦争を起こしてすり替えるのだ。

鄧小平は右腕の胡耀邦《こようほう》と左腕の趙紫陽《ちようしよう》を切り、陳雲《ちんうん》らのライバルを遠ざけ、楊尚昆《ようしようこん》・楊白氷《ようはくひよう》兄弟を使い捨て、五人の子らに利権を握らせた。

南巡《なんじゆん》講話以後の改革開放は評判が良いが、共産党の独占的利権を守りぬくためには軍隊を動員して天安門で血の弾圧を加えた。自由世界の若者達は驚いたが、歴史に照らせば、シナではよくあったことだ。

江沢民は新産業革命の波に乗って新利権の通信・金融を独占し、財力で守旧派の李鵬《りほう》を追い込み、他方、軍を味方とするために軍の放埒《ほうらつ》なアルバイトを黙認し、かわりに忠誠を誓わせて巨大な利権王国を築き上げた。

こうしたあけすけな拝金主義と禁欲的な共産主義はコインの裏と表なのである。

胡錦濤《こきんとう》の十年とは「江沢民院政」である。温家宝《おんかほう》首相は巨富を海外に築き、一族繁栄。これをみた太子《たいし》党（共産党幹部の子弟）は各地の利権をむさぼり、一方で外国企業参入が本格化したため、シナ始まって以来の「中産階級」が誕生した。この新階層がクルマを買い、マンションを買い、海外へ行くという先進国型消費社会を担ったが、六億人の百姓は貧困のままである。

その江沢民が、自分たちの利権を守り抜くことを期待して次期を託したのは太子党の習近平だったのだ。指導力とかヴィジョンとか政策通かどうかは問われなかった。

しかし中国の体質は「恩人をも裏切る」。

習近平はしばし鳴りを潜めて左右をみていたが、全員が油断しはじめるや、邪魔な幹部、ライバルを蹴落とし、将来、脅威となりそうな共青団《きょうせいだん》（青年エリート組織）の孫政才《そんせいさい》、周《しゅう》強《きょう》らを冤罪《えんざい》で追放し、王岐山《おうきざん》を使って江沢民派軍人を一掃した。役割を終えた王岐山は次

共産党初代皇帝・毛沢東

盗賊王朝の新皇帝・習近平

に自分が犠牲の山羊《やぎ》にされそうなので、最近は顔が引きつっている。

だから共産党は「人類の敵」なのである。

日本はこのような隣人を抱えているにもかかわらず、中国の明るい事象しか報道しないメディアの体質は深刻な問題である。

# おわりに　サクっと分かる「日本史の真実」を求めて

## 日本の史書の基底は「もののあはれ」

日本の戦記物とは外国でいう歴史書である。しかし保元《ほうげん》物語も平治《へいじ》物語も平家《へいけ》物語も、吾妻鏡《あづまかがみ》、大鏡《おおかがみ》、増鏡《ますかがみ》も、そして語《かた》り部《べ》が辻々で琵琶《びわ》とともに弾き語りした太平記《たいへいき》も、戦闘の詳細や殺戮《さつりく》場面の描写はすくなく、悲しくも美しい音色が基底に流れる。もののあはれ、悲劇的な散華《さんげ》が格調高く謡《うた》われている文学である。

他方、大殺戮をやってのけたのに毛沢東は中国史の英雄である。西洋でもアレキサンダー、新バビロニアのネブカドネザル、シーザー、そして近世ではナポレオン、ロシアではピョートル、エカテリーナ女帝。皆、英雄ですね。そしてスターリンも。

ところが日本での英雄はみな悲劇の主人公になる。ヤマトタケル、和気清麻呂《わけのきよまろ》、菅原《すがわらの》道真《みちざね》、源《みなもとの》義経《よしつね》、北畠顕家《きたばたけあきいえ》、楠木正成《くすのきまさしげ》、大塩平八郎、吉田松陰《しょういん》、西郷隆盛、特攻隊員……。本当の改革を断行し、英雄と祭られるべき人々。たとえば源頼朝《みなもとのよりとも》、足利尊氏《あしかがたかうじ》、明智光秀、大久保利通らの名が浮かぶが、彼らへの日本人の評価は悪党に近い。

例えば信長時代の異説を説く『武功夜話』は、これまでの歴史文献には現れていなかった記述が多く、新しい視点から歴史の謎が照射された。そうした文脈からみるとかなり有益な書物だと言える。

『武功夜話』の原本ともいわれる『前野家文書』は非公開ながら存在しており、その異本という扱いで、一九八七年に人物往来社から出版された。筆者もすぐに一冊を買い求めた。最初の感想はやけに切支丹伴天連への理解が同情的なことだった。前野家当主は豊臣秀次に仕えたため秀吉の心変わりの後、切腹して果てた。その怨念が武功夜話に籠められている。

しかし首を傾げたのは「墨俣一夜城」だった。秀吉が一晩で城を造ったという法螺話は、後世の戯作者が創作したものであり、武功夜話がこの後智恵の物語を挿入するには時間的空間が符合しない。

とはいうものの『武功夜話』を元に遠藤周作は『反逆』『決戦の時』『男の一生』の三部作を書いた。剣豪作家の津本陽は『下天は夢か』を書いた。作家のインスピレーションをかきたてたのだ。『武功夜話』否定論は中世から近世研究者のあいだにも目立ち、反駁の論拠は、当時の川の流れが現在と同じなうえ、地名が当時の呼び方ではなく明治以降の町村合併以後の地名が用いられている等が偽書の証拠だとした。「偽書とは言えず、有益」としたのは小和田哲男（静岡大学名誉教授）だった。

また『太閤記《たいこうき》』には幾つかの種類があって、いずれも後世の作品である。秀吉の法螺話《ほらばなし》を基軸として、たのしく明るく描かれている。

まるでイエス・キリストの生誕場面のような、太陽が照らした場所に秀吉が生まれたとかの話は誰も信じないだろう。蜂須賀《はちすか》盗賊集団と邂逅《かいこう》したのが矢作川《やはぎがわ》の橋の上だったという。三河と遠江《とおとうみ》を分けた矢作川に当時、橋は架かっていなかった。

岐阜の墨俣《すのまた》一夜城は建築工学的にも物理的にも不可能であり、秀吉が建築の天才ぶりを誇示したくてでっち上げた物語であることはすぐに分かる。

本書で縷々《るる》検討してきたように明智光秀の悪評は秀吉の右筆《ゆうひつ》（貴人の文書記録・代筆係）らが、主殺《しゅうごろ》しのレッテル貼りを行って光秀を極度に貶《おとし》め、秀吉政権の正統性を訴える目的があった。当時の道徳観では下剋上《げこくじょう》・裏切りは世の常、油断するほうが悪いという価値観が支配的だった。主君に忠誠を誓えとする安定、法治、秩序優先の価値観は江戸幕府が朱子学を官学の基礎において以後である。

本文でも少し触れたが、江戸時代に明智光秀はかなりまともに評価されていた。この事実は光秀ゆかりの地、京都福知山《ふくちやま》に行ってみるとよくわかる。御霊《ごりょう》神社は光秀を祀《まつ》り、

福知山城を居城とした明智光秀は地元では名君として慕われている。1986年に復元された大天守は郷土資料館として甲冑や書状など光秀ゆかりの品を展示している

地元民による「光秀祭り」(仮装行列)の華やかさがあり、庶民から慕われていた。

頼山陽《らいさんよう》が詠んだ石碑や俳聖芭蕉《ばしょう》が残した句碑からも庶民の間でも名君と慕われ、評価が高かったことが偲《しの》べる。一方、長島で数万の仏教徒を、越前の一向一揆で一万五千の宗徒を殺戮したこと、ながきにわたる石山本願寺との戦闘などから、往時の人々が信長を法敵として嫌っていた事実はあまり声高には語られない。

江戸幕府の信長末裔《まつえい》への冷遇ぶりを見ても、ひとり生き残った織田信雄《のぶかつ》の裔《すえ》に対して二万石の捨て扶持《ぶち》とはこれ如何《いか》にだろう(長男信忠《のぶただ》は本能寺に消え、次男の信孝《のぶたか》は秀吉が切腹させた)。そのうえ明治二年まで信長を祀る神社はなかった。それが冷厳な評価だったのだ。

徳川を貶《おとし》める必要のあった明治新政府が歴史観の書き換えをおこない、その必然的帰結が信長と秀吉への過大評価に繋がる。歴史観の逆転である。

明治維新の評価とていずれ激変期を迎え、急ぎすぎた近代化や鹿鳴館《ろくめいかん》の猛省から明治後期には国風が再活性化したように、戦後の東京裁判史観、太平洋戦争史観は、日本に正気が回復される時代となれば消滅するだろう。

## インテリジェンスの戦いは歴史戦でもある

現実の国際政治の現場はインテリジェンス戦争である。

米・英・カナダ・豪・NZのファイブアイズ（中国語では「五眼」という）はインテリジェンス情報の共有機関だが、これに日本を加える動きが具体化している。しかし日本にはスパイ防止法がない実態も、英米はよく知っている。

ソ連の崩壊過程を振り返ると、チェルノブイリの原発事故、その隠蔽《いんぺい》がむしろ民衆の不安をかき立て、ソ連共産党批判の導火線となり、ゴルバチョフが登場した。

グラスノスチ（情報公開）、ペレストロイカ（再構築）は西側の注目するところとなって、一九八九年、マルタ沖合のヨットでブッシュ大統領とゴルバチョフが会談し、冷戦は終わった。二年後、ソ連は崩壊した。

この状況を現代中国に置き換えると習近平は改革に背を向けたチェルネンコで、いずれ、中国版のゴルバチョフが登場するだろう。

ところでソ連崩壊の裏側では西側の諜報工作、二重スパイが絡む技術インテリジェンス戦争が密かに展開されていた。

フランスの諜報機関はソ連側に「フェアウェル」という暗号名の協力者を得た。その人物、じつはKGBの大佐だった。彼が四千件にも及ぶ機密文書をもたらし、一九八一年の米仏首脳会議で、情報の「共有」が秘かに申し合わされた。機密ファイルはCIAに引き渡された。

「ソ連の産業スパイ部隊X戦線の手は、レーダー、コンピュータ、工作機械、半導体など広範囲に伸びており、収集予定リストの内、三分の二以上がすでに確保済み」だった。そこで米国は偽技術情報を、意図的に敵スパイに摑《つか》ませる。「初期段階の製品検査も通るが、一定期間が経過すると異常な働きをする、要するにウィルスを仕込んだバージョンである」と島田洋一・福井県立大学教授の『3年後に世界が中国を破滅《はめつ》させる』（ビジネス社）が指摘している。

かくして誤作動をおこすコンピュータ・チップが巧妙にソ連の軍事施設に組み込まれ、偽設計図のタービンがソ連の天然ガス・パイプラインに取り付けられた。同様にソ連の自慢だった化学プラントやトラクター工場は偽の設計図で建築されたため大量の不良品を生産したのだ。

もとよりスパイは中国の伝統であり、『孫子』が力説する「用間」とはスパイのことだ。明の時代、秘密警察は「錦衣衛《きんいえい》」と呼ばれたし、宮廷内では宦官《かんがん》による「東廠《とうしょう》」と「西廠《せいしょう》」

を競わせ、この二つを監視する「内行廠《ないこうしょう》」を置くという念の入れ方だった。皇帝は側近や側室たちさえ信用していなかったのだ

こうした伝統を中国共産党が継続し、拡充、発展させているのである。

この裏話、次の中国の運命を予測するのに多大なヒントを含んでいないか。

同じ秘密工作を米国に潜り込んだ中国のスパイにも行なった可能性が大きく、いずれ中国の生産活動、とりわけ軍事技術現場はマヒ状態となるのではないのか。

これまで米国の核の傘に守られてのほほんと戦後を暮らしてきた日本は、自らの歴史を忘却してきた。インテリジェンスの戦いは歴史戦でもある。

## ねじ曲げられた歴史のままでいいのか

その歴史戦に勝つためにも、日本史における従来の解釈には誤謬《ごびゅう》が多く、これを正す必要があろう。この小著は歴史の「死角」にある多くの出来事を、可能な限り拾い出して、再考し、修正を試みたものである。

戦後、ＧＨＱの命令によって国語、道徳とともに歴史教科書に墨を塗られ、伝統的な記述がざっくりと消された。日本の歴史はまったく異なるもの、「恥ずかしい歴史」に塗り替えられた。そんな面妖な歴史観が、日本独立後も、教育現場、そして新聞テレビなどのメディアを通じて普及している。

とくに「神道指令」は日本文化の中枢を破壊する爆発力をともなった。

すなわち日本人が日本史に自信がもてなくなるように、暗い、悲劇的なものだったと洗脳する仕組みが出来上がったのだ。戦後七十五年もの長きにわたって、日本人が祖国を誇ることがないという異様な歴史観（自虐史観、敗戦トラウマ）が固定された。

戦前まで名著と呼ばれた多くの著作が焼却・没収となり、発行が停止された。焚書坑儒《ふんしょこうじゅ》のごとし。替わって主役に躍り出たのがマルクス主義に基づく左翼史観の跳梁跋扈《ちょうりょうばっこ》！日本を徒《いたず》らに貶《おとし》めた「東京裁判史観」が未だにまかり通り、日本史の英雄たちが悪人となり、神話は否定され、忠臣蔵は禁止され、歴史の真実が大きくねじ曲げられた。

「皇国史観」は時代錯誤で一方的に悪いということになり、江戸時代は暗く沈んだ貧困な時代と教えられた。特攻隊は犬死、和気清麻呂も楠木正成も歴史教科書で扱いは極端に小さくなり、神功皇后は教科書から削除された。危うく聖徳太子も厩戸王子と矮小化されるところだった。

歴史をねじ曲げたのはＧＨＱだけではない。

薩長閥が中心となった明治新政府によって徳川時代の功績はあっけらかんと過小評価され、江戸時代には見向きもされなかった信長と秀吉が英雄となって還り咲くという逆転も起きた。徳川家康は豊臣秀吉の大阪城を百八十度ことなる設計思想で再建し、一方で京都阿弥陀ヶ峰にあった秀吉の墓稜を棄却した。歴史にはよくあることで、時の権力者が正統性を主張すると従前の不都合な史跡、史書を葬り去るのである。そして「薩長史観」は会津武士道を否定し、東北列藩同盟の尊王心まで賊軍とし、靖國神社には白虎隊など祀られていないのである。

## 「本能寺の変」と「三島事件」に通底するものとは何か

ともあれ、科学が発達し、歴史文書がかなり出揃った現代ですらまともな歴史評論はすくない。なぜなのか。

第一に歴史学界、歴史論壇には一種独特な「空気」があり、学閥《がくばつ》が蔓延《はびこ》り、学者らは視野狭窄《きょうさく》に陥っている。

いまも左翼、マルクス主義的な解釈がはびこる憲法学会を例にとれば、学会や論壇の実態はすぐにも連想できるだろう。東大法学部の大物学者（宮澤俊義）が言い出した間違いだらけの憲法解釈は弟子達によって今なおばらまかれ、内閣法制局や最高裁判所にまで影響を及ぼしている。同様に戦後の歴史学界は左翼学者が「主流」となって出鱈目《でたらめ》な解釈を広めた。メディアは彼らの主張しか取り上げなかった。

第二に戦後の歴史学者の多くがじつは古事記、日本書紀を読んでいないか、もしくは一読しただけで済ませているという知的貧困である。だから第三章で指摘もしたが、明智光秀の発句「天が下しる」の意味が理解できない。知的劣化である。

第三が神話の位置づけだろう。古事記にみられるような神話を評価しない思考回路では明智光秀の愛国心と志を理解することもできない。また、合理主義の影響を受けすぎた現代歴史学は科学的・客観的事実のみに重点が置かれ、資料読みが専門の歴史研究者にとっては、文献の解釈のみという視野狭窄《きょうさく》に陥りやすい。光秀に汚名を着せるため秀吉がなした歴史改竄《かいざん》や捏造《ねつぞう》を見抜くことができないのだ。

まして戦後日本は天皇への位置づけを「神」から「人」に変えたため尊王報国の義に立ち上がった明智光秀の蹶起意図が曖昧《あいまい》になってしまった。

筆者は明智光秀の足跡をすべて訪ね歩いたが、その先々で考え、本能寺の変とは一種の精神的クーデターであり、当時の日本文化の防衛であったという結論に至った。三島由紀夫の自決を、戦後、日本文化と天皇の重みを忘れつつある日本人に対する諫死《かんし》事件だったと考えると、二人の連環が浮かぶ。三島は『文化防衛論』（ちくま文庫）で、天皇について「国と民族の非分離の象徴」と語った。本能寺の変と三島事件には通底する何かがある。

## フェイクを史実の如く書く歴史小説家には要注意

もうひとつ考慮しておきたいのは、政治宣伝のために往々にして作られ、ばらまかれる偽書に関してである。

「南京大虐殺」なる事件は架空のでっち上げによる政治宣伝だったことは、いまや完全に証明された。

「田中上奏文」がフェイクであることは猿でも知っている。とくに田中上奏文はユダヤが世界支配を企《たくら》むとかの『シオンの議定書』のパターンを踏襲したお手軽な煽動、陰謀論の延長であり、論理的整合性が薄弱である。底意が最初から見え透いていたにもかかわらず反日グループの手によって忽ち英訳され、欧米の日本敵視政策の波に乗って、大いに政治利用された。つまり偽書としての効果満点だったのである。

プロパガンダにかけて米国も中国共産党も天才的なのである。後に「(田中上奏文は)私が書いた」と中国の外交官だった王家禎が、その回想録で「自分が中心人物だった」と名乗り出た。自ら嘘を認めたのだ。

偽書は嘘の手紙、偽造による証明書などから発展し、司馬遷『史記』の時代から存在した。偽書は「正史」に準拠しない他説のことを意味する。正史とは中国の王朝が崩壊後に次の時代の歴史家が書くからフィクションやら事実の隠蔽や大胆な改竄が混ざる。それが「正史」なのだ。この場合、「正しい」とか「真実」の意味ではなく、かくかくの権威筋が恣意的に語り認めたということである。

偽書はときとして政治宣伝、陽動作戦、敵の攪乱のために作られる。こうしたフェイクを史実であるかのように描いた司馬遼太郎(司馬史観)や半藤一利(半藤史観)ら所謂「歴史家」の言い分には眉に唾をつけてから読むべきだろう。

私たちは歴史の真贋《しんがん》を見分ける術を身につける必要がある。

かくして冒頭の言葉を再度繰り返すことになるが、日本史における従来の誤った解釈を俎上にあげ、可能な限り再考し、正しい方向に修正しようとして本書を書いた。

そして、戦後教育のため日本の歴史をきちんと勉強できなかった若い世代にも、サクっと分かるように書いたつもりである。

宮崎正弘

令和二年十一月

**宮崎正弘（みやざき・まさひろ）**
評論家。1946年、石川県生まれ。早稲田大学中退。「日本学生新聞」編集長、雑誌『浪曼』企画室長を経て、貿易会社を経営。82年、『もうひとつの資源戦争』（講談社）で論壇に登場後、国際政治、経済の舞台裏を独自の情報で解析するとともに、中国ウォッチャーの第一人者として健筆をふるう。著書『ならず者国家・習近平中国の自滅が始まった！』（ワック。石平氏との共著）など。また歴史評論では『神武天皇以前』（育鵬社）、『西郷隆盛』（海竜社）、『明智光秀 五百年の孤独』（徳間書店）など多数。

# こう読《よ》み直《なお》せ！ 日本《にほん》の歴史《れきし》

2020年12月15日 初版発行
2021年1月18日 第2刷

著　者　宮崎正弘

発行者　鈴木　隆一

発行所　ワック株式会社
東京都千代田区五番町4-5 五番町コスモビル 〒102-0076
電話 03-5226-7622
http://web-wac.co.jp/

印刷製本　大日本印刷株式会社



ISBN978-4-89831-498-2